Jeunesse du sacré

RÉGIS DEBRAY

de l'Académie Goncourt

Jeunesse du sacré

Ouvrage préparé avec le concours du Centre national du livre

Gallimard

LÉGENDES ET CRÉDITS DE COUVERTURE

1er PLAT

Marx, Engels, Lénine, Staline, affiche soviétique, 1953, photo © Apic/Getty Images.
Seward Johnson, *Déjeuner Déjà Vu* © 1994, The Sculpture Foundation, Inc., photo © Willie W. Wong.

4e DE COUVERTURE

« 9/11 Memorial », New York, 11 septembre 2011, photo © Getty Images.
Dessin de Carsten Graabaek © (Carsten Graabaek)/Cartooning for Peace.

1er RABAT

Jeff Koons, *Magenta Balloon Dog*, 1994-2000 © Jeff Koons. Photo Laurent Lecat, Versailles, 2008.
Baptême collectif, Église orthodoxe apostolique de Géorgie, photo © David Mdzinarishvili/Reuters.
Voie sacrée, Verdun, photo © Ketounette/Wikimedia Commons.
Ganesh, photo © Malgorzata Kistryn/Fotolia.com.
Masque Dan, Côte d'Ivoire © Muséum de Lyon.

2e RABAT

Serge Gainsbourg, « 7/7 », 11 mars 1984, photo © Wojazer/AFP.
Mont Fuji, photo © Craig Hanson/Fotolia.com.
Inauguration d'une allée Yannick-Noah à Roland-Garros, le 27 mai 2008 (© Lydie/Sipa).
John Lennon, 1970, photo © John Kelly/Camera Press/Gamma.
Cathédrale de Chartres, transept nord, photo © Guillaume Piolle/Wikimedia Commons.

Le monde, Aldo, attend de certains êtres
et de certaines heures que sa jeunesse lui soit rendue.

Julien Gracq, *Le Rivage des Syrtes*

Mes remerciements
à Olivier Salvatori, qui a fait croître et fleurir cet ouvrage,
à Michel Melot et Yann Potin, gardiens de nos arcanes,
et à Jean-Louis Tissier, liseur d'espace.

Ouverture.

De pierre et de vent

Le Sphinx premier du nom s'est tué de désespoir une fois qu'Œdipe a résolu l'énigme qu'il lui avait posée. C'était il y a bien longtemps.

Le sacré, lui, et quoi qu'on en dise, porte encore beau, si l'on en croit les lieux et moments que l'on continue de qualifier ainsi, de New York à Pékin. Ce monstre toujours jeune — poitrine de femme, corps de lion, ailes d'aigle — reste d'attaque. Faute d'oser lui faire face, beaucoup de nos contemporains l'ont barré de leur agenda et, pour mieux vaquer à leurs affaires, s'en vont disant que ce Sphinx-là a fait son temps. C'est imprudent. On est souvent rattrapé par ce que l'on croit derrière nous.

De bons esprits, de mystères las, dénoncent un terme fourre-tout et cache-misère. Ils exigent du clair et net, et ils ont bien raison. Assez d'incantations et de grandiloquence ! Oui, on a trop disserté et pas assez observé. Trop philosophé et pas assez photographié. Sans doute faut-il sortir du royaume des mots pour affronter ce que nous convenons toujours d'appeler, habitude ou paresse, le *Sacré, abstraction qui tantôt agace et tantôt décourage par un je-ne-sais-quoi d'ineffable et d'exorbitant. Mais c'est se bander les yeux que de prendre prétexte du flou qui entoure souvent l'expression pour la déclarer sans objet.*

Parce qu'il n'existe pas une définition précise de la culture unanimement acceptée par les cent quatre-vingt-quinze pays membres de l'Unesco, faut-il bouder les concerts et les arts de la table, fermer les musées et l'Opéra ? Dissoudre le Parlement parce que les docteurs en démocratie se chamaillent sur le sens des mots peuple et pouvoir ? Et mépriser les vivants parce que le thème de « la vie » se prête à de creuses envolées ?

À l'emphase d'un substantif à majuscule rôdant dans un arrière-monde sans couleurs ni contours, cette enquête entend substituer l'examen terre à terre et en images d'un qualificatif. Qu'est-ce que les hommes qualifient de sacré ? Où, quand et pourquoi ?

Il y a urgence à sortir ses lunettes d'approche, à prendre son mètre et son compas. La brume dissuasive qui protège ce revenant indocile, dont il ne suffit pas de répéter qu'il s'oppose au profane pour savoir ce qu'il fait encore là et en quoi il consiste, complique singulièrement la tâche du civiliste, du législateur ou du médecin. Et rend encore moins aisés les travaux du Comité national d'éthique quand il aborde le statut légal du génome, du fœtus, de la greffe d'organes — et du cadavre. Questions profanes, prosaïques et vitales.

Pourquoi vouloir couper le sifflet aux trémolos ?

Par goût des leçons de choses. *Parce qu'« il y a plus de choses dans le ciel et sur la terre, Horatio, que n'en peut rêver votre philosophie ». Comme le dôme de Genbaku* [>] *à Hiroshima, le « 9/11 Memorial », le mois du ramadan, la main de bois du capitaine Danjou, l'arbre de Guernica, la chevelure des sikhs et bien d'autres choses inattendues, avec leur poids de merveilleux et d'insolite. Qu'elles soient hétéroclites, étranges, inattendues est une raison de plus pour chercher l'unité distinctive de cette mosaïque et à quoi correspondent ces deux syllabes entêtées et nomades, dussent-elles nous écorcher la bouche.*

>

Quant aux esprits forts qui croient devoir mettre en consigne un mot-valise, qu'ils aillent cuire un œuf sur le plat sur la flamme du Soldat inconnu ou, pis, ouvrir une crêperie sous le Arbeit macht frei *d'Auschwitz, et ils nous en donneront des nouvelles.*

Au monde extérieur, dans ce qu'il a de déroutant, d'élucider l'obscur et le trouble que notre vie intérieure a tant de mal à discerner, et tant de propension à déguiser…

Pour dévisager une énigme qui nous gêne et que l'on se contente, parfois, d'entrevoir, commençons par désembuer notre champ de vision.

Il y a plusieurs façons d'esquiver le réel, cette vexation. L'une confond le sacré avec le religieux : je ne crois pas en Dieu, cela ne me concerne pas. L'autre n'y voit que de l'archaïque : je suis moderne, laissez-moi rire. Une troisième le noie dans l'exotisme : je suis occidental, voyez mon tour-opérateur.

Trois lieux communs, autant d'échappatoires. À récuser de suite.

Sacré n'est pas divin. Comme on recrute les militaires dans le civil, nous faisons du sacré avec du profane. Et l'océan du sacralisable déborde les continents du religieux à patente. Il infiltre, pour sûr, nos religions de salut traditionnelles ainsi que les religions civiles modernes — tel le messianisme biblico-patriotique des États-Unis d'Amérique, avec son serment d'allégeance au drapeau, l'Être suprême sur le dollar **[<]** et son culte des *Founding Fathers.* Il a submergé les religions politiques d'hier, comme le nazisme et le communisme d'État, avec leur ankylose cérémoniale et l'abrutissante idolâtrie du chef. Mais bien en deçà de ces poussées cancéreuses ont été, sont ou seront tenues pour sacrées nombre de choses ou d'entités comme, selon les époques, un champignon, une montagne, la patrie, la liberté d'expression, la paix, une tombe, un enfant, etc. Et cela, sans pousser les hauts cris, sans mettre le front à terre. *Religion* est un mot de souche romaine et de terroir latin que l'Occident chrétien a fait sien avant de le propulser *manu militari* sous d'autres latitudes, mais qui n'a pas son répondant en grec ancien, en hébreu, en arabe, en persan, en chinois. *Sacré* est un terme qui s'entend et peut se traduire, à quelques nuances près, dans toutes les langues du monde. Ne prenons pas la partie pour le tout. Ni le saint, originalité chrétienne, pour le sacré, notion bien plus ancienne et, si l'on veut, plus vulgaire. Une personne est sainte, une chose est sacrée.

Dieu, c'est – 700 avant J.-C., le sacré, – 100 000 : la première sépulture. Sans cet humus, pas de floraison divine. L'efflorescence du

Dieu unique a de quoi nous enchanter, et point besoin de croire en la divinité du Christ pour avoir les larmes aux yeux en écoutant le *Requiem* de Fauré au grand orgue d'une église baroque. Mais enfin, notre espèce n'a pas attendu l'apparition tardive du Père éternel pour dresser un menhir ou creuser un tumulus. Elle a inventé du sacré bien avant de bâtir La Mecque et Saint-Pierre de Rome, et continué bien après. Yad Vashem **[>]** à Jérusalem et le musée de l'Holocauste à Washington sont des lieux sacrés (et qui le sont pour tous) sans lien avec le judaïsme orthodoxe, et dont la Synagogue peut même s'offusquer. Ne nous laissons pas non plus obnubiler par les rose-croix et les grands initiés, les abonnés au paranormal, qui sont des cas cliniques ; non plus que par les jouissances transgressives de la défonce et de l'overdose, par le couteau aztèque et la corne de taureau, l'excès et la dépense, qui sont des extravagances (même si les états seconds ont le don de faire élucubrer les assis et les paisibles). Sortons des cabinets et des bibliothèques. Que fait remonter en nous le visage démaquillé d'un vieil ami sur son lit de mort ? Que voit-on ressurgir dans la ruée des foules au soir d'une Coupe du monde de football ? Affleurer sous une minute de silence dans un hémicycle ? Pointer sous telle invocation à notre mère Gaïa dans une clairière, ou tel transfert de cendres au Panthéon à la lumière des torches ? La nappe souterraine n'est pas à sec. Les grandes peurs sont de retour, et les menaces, et les dangers. Il n'est pas jusqu'à la pointe avancée de la science qui ne puisse, avec ses Nimbus et ses Faust, réveiller les terreurs primitives. Et pour cause, si toute découverte d'importance nous apporte une sainte frousse — le déchet nucléaire pour la maîtrise de l'atome, le trou d'ozone pour la chimie, le bébé clone pour la génétique moléculaire… —, avec, en ressac, le besoin renouvelé d'une zone à protéger, d'une valeur cruciale à sauvegarder coûte que coûte.

>

Une même épithète peut couvrir des expériences très contrastées. Et l'on se gardera de confondre son envers et son endroit. Le sacré d'ordre a un autre visage que le sacré de communion **[pl. 1 et 2]**. Le premier nous parle hiérarchie, respect, institution. Il nous vient d'en haut

Sacré d'ordre

Obsèques nationales, Invalides, 2011

Procession, Lourdes

Place Tian'anmen

Sacré de communion

Funérailles de Sartre, 1980

Alger, juillet 1962

Il Quarto Stato, *1901*

— armée, Église, État. Le second nous parle effervescence, subversion, fraternité. Il vient d'en bas. L'un est protocolaire et pour ainsi dire pré-affecté, l'autre est atmosphérique et circonstancié. Peut-être l'ordre et la communion étaient-ils réunis au cours des siècles passés par le cérémonial religieux, à la fois fête et liturgie, fusion et discipline, mais les deux versants tendent aujourd'hui à se tourner le dos. Dans les deux cas de figure, l'individu se sent dépassé par quelque chose de plus grand, de plus ancien et de plus durable que lui-même. Force nous est, à cet égard, de passer au plan large, en longitudes et attitudes. Pensons à ce qu'a représenté la terre de France pour un poilu de 14, la figure d'Atatürk **[<]** pour un nationaliste turc ou l'image de Mao pour un Chinois post-maoïste. Aux écrivains qui, sans croire au Ciel, ont renoué les noces rompues avec la terre, comme Saint-John Perse, Julien Gracq ou D. H. Lawrence, aux chercheurs agnostiques qui, à l'instar d'Axel Kahn, tiennent que l'embryon humain est dépositaire d'« une certaine sacralité », ou à un athlète comme Mimoun, l'ancien champion olympique (1956) quand il disait : « Pour moi, la France, c'est la plus belle fille du monde avec, en plus, quelque chose de sacré. » Puissent offertoires et psaumes ne pas couvrir cette tenace et protéiforme rumeur.

Pourquoi voulez-vous que nous dissimulions l'émotion qui nous étreint tous, hommes et femmes, qui sommes ici, chez nous, dans Paris debout pour se libérer et qui a su le faire de ses mains ? Non ! nous ne dissimulerons pas cette émotion profonde et sacrée. *Il y a là des minutes qui dépassent chacune de nos pauvres vies. Paris ! Paris outragé ! Paris brisé ! Paris martyrisé ! mais Paris libéré !*

Charles de Gaulle, discours de la place de l'Hôtel-de-Ville, à Paris, le 25 août 1944.

Sacré n'est pas inactuel. Cet effroi plonge dans la nuit des temps ? Qu'il y reste, dira l'émancipé, à l'ombre des druides et des elfes. Adieu contes et romans noirs ! Croire que la sortie de religion vaut sortie du sacré revient à intervertir l'ordre des facteurs : les religions historiques ne sont pas la source d'un sentiment qu'elles se contentent d'administrer avec une indéniable compétence. D'où leur longévité et leur crédibilité. Ce serait donc faire bon marché d'une donnée fondamentale que de lui coller l'étiquette *heroic fantasy* (*Le Seigneur des anneaux* ou *Harry Potter*). Ou bien de s'en décharger sur l'historien des Antiquités. À l'helléniste, les mystères d'Éleusis; au médiéviste, Saint Louis sous son chêne; au dix-huitiémiste, l'autel de la Patrie, le jour de la fête de la Fédération… « Un peu de sérieux! Nous sommes adultes et vaccinés. » Forfanterie. Il y a eu des héros après Achille, des poètes après Orphée. Delphes s'est vidé, mais Lourdes, bien rempli. Le bâton de maréchal survit au *skeptrôn* d'Agamemnon, et les hiérarchies (de *hieros*, sacré) n'ont pas disparu avec les vassalités féodales. Il n'est pire péché contre l'esprit que de confondre l'*immémorial* avec l'*anachronique*. Oublié peut-être, dévalué sans doute, l'antédiluvien continue de hanter — comme un remords? — nos protocoles d'État. Nos Césars ne sont plus héroïsés et les rois thaumaturges ne font plus parler d'eux qu'en Sorbonne. Tant mieux. On ne sacre plus de capétien à Reims, à la bonne heure. Les cérémonials de la Couronne britannique n'en continuent pas moins de fasciner deux milliards de téléspectateurs de par le vaste monde. La République française a vu fondre au fil des décennies ses rituels de majesté et son apparat. Ses ors ne sont plus là que pour le décor. Mais une cérémonie d'investiture à l'Élysée **[>]** — intronisation sans trône — garde une sacralité diffuse, qui ne doit rien à la qualité de protonotaire de Saint-Jean-de-Latran et de chanoine du Puy automatiquement attribuée à l'heureux élu. Eût-il ses habitudes au *Fouquet's*, l'ancien lieutenant de Dieu reste celui du peuple. Solennité et simplicité peuvent faire bon ménage, mais un certain *maestoso* sera attendu de l'impétrant, devenu image visible, non du Très-Haut mais de la nation, dont il est censé rassembler, et partant transcender, les membres dispersés. Il lui sera demandé, sinon de passer une queue-de-pie sur son *tee-shirt*, du moins de changer d'allure, de rompre avec notre *celeritas*, celle des gens ordinaires et affairés (en proie à des affaires ordinaires),

>

pour revêtir quelque apparence de *gravitas.* À défaut de quoi le pouvoir légal de ce président devient tacitement illégitime. Et quand il entre dans une salle de classe, au cours d'une tournée en province, les élèves restent assis sur leurs chaises. Ont-ils tort ? **[pl. 3]**

Le renvoi à l'âge des déesses mères peut tenter les meilleurs, que les « arts premiers » incitent parfois à des déplorations prématurées. Ainsi André Malraux, fabuleux Cassandre, lorsqu'il assigne le sacré à résidence dans la préhistoire, ou dans les salles de son *Musée imaginaire* dévolues aux fresques d'Ajanta, aux bas-reliefs mésopotamiens ou aux Anubis égyptiens. Dans sa somptueuse *Métamorphose des Dieux,* le sacral se niche et se déniche dans l'arrière-cour, à potron-minet. Il précède le moment du spirituel, suivi lui-même par l'idéal. C'est l'acte I de la pièce, avant le surnaturel chrétien en acte II, qui déboucherait sur l'irréel humaniste. Il est vieux comme Saturne, psalmodie dans la fumée des torches et des troglodytes, avant la conscience et avant l'individu. Le sacré, dans cette odyssée esthétique, c'est quand le seul mammifère qui sait qu'il va mourir veut répondre au défi des constellations. Mexique de Quetzalcóatl, Égypte du *Livre des morts,* Afrique des masques **[<]** et des fétiches… Fumeuse aurore qui peut encore nous faire signe, mais de loin, à travers les effulgences du *Repas à Emmaüs* de Rembrandt, ou ces eaux-fortes de Goya traversées d'une lumière de destin, mais notre voyant épique est d'avis que ce clair-obscur a déserté la place…

<

Sacré n'est pas exotique. Gardons-nous du délestage par la périphérie. Dès qu'à l'archiviste succède l'explorateur pour donner le ton, voici qu'avance vers nous, en quadrichromie, un kaléidoscope de folklores. D'historique, la dénégation se fait alors géographique. On glisse du troublant au pittoresque, on vogue vers les confins. Collines de Saint-Soleil en Haïti, ghâts de Bénarès en Inde, falaise des Dogons, île de Pâques… Non que les tristes tropiques n'aient leur mot à dire sur notre scène. Ces lointains nous concernent de près. On y découvre combien un quotidien dialogue avec ces grandes puissances que sont les esprits, les ancêtres ou les dieux peut remplir de fonctions utilitaires et avec quel naturel, là-bas, d'invisibles présences se mêlent aux travaux et aux jours. Mais le débarras par le dépaysement court le risque d'imputer aux ailleurs «l'inquiétante étrangeté», pour en faire la chose des quimboiseurs, gourous et féticheurs, prêtresses vaudoues et grands maîtres du yoga. «Ce n'est pas moi, c'est l'autre. Moi, je ne pratique pas l'envoûtement et ne suis pas jeteur de sort.» Arrive à point nommé la voiture-balai du commissaire-chiffonnier parti traquer l'ange du bizarre aux quatre points cardinaux, enfournant pêle-mêle dans son expo l'onirique avec le déviant, *La Nuit des Indiens Pumé* avec le *Carré noir* de Malevitch. Kamtchatka sans rivages, foire aux puces de l'insolite, qui en désamorce la charge explosive au bénéfice d'un esthétisme chic. (*Traces du sacré*, au Centre Pompidou, en l'an 2000, nous a offert un bon échantillon de ce lénifiant bazar.)

Non qu'un simple relevé de terrain comme le nôtre puisse exclure les mégalithes en basalte de *Rapa Nui* **[>]** ou les hermaphrodites en bois dur patiné du Mali. Non plus que le suaire en lin blanc de Turin — ce drap de 4,36 mètres sur 1,10 mètre où s'est inscrit le négatif d'un corps supplicié; ni l'actuel dalaï-lama devenu dieu vivant à l'âge de cinq ans en sa qualité de treizième réincarné du nom et fait citoyen d'honneur d'un Occident qui se targue de ne plus se prosterner devant quiconque. Ni même, dans nos paroisses bretonnes ou vendéennes, les processions et prières pour demander la pluie en pleine sécheresse — puisque des *rogations*, vieux rite gallo-romain adopté par l'Église au Ve siècle, traversent encore nos arrière-pays. Sans bannir ces vénérables survivances, ce que nous voudrions cerner à grands traits, en toute innocence, ne se débusque pas seulement chez les attardés du bocage, entre la chouette et la bruyère. Le «vieux sphinx ignoré du monde insoucieux» s'affiche au commissariat de police du coin, avec la Déclaration des droits de l'homme et du citoyen placardée au mur comme des Tables de la Loi enguirlandées par deux anges laïques, sous les rayons dorés d'un œil

>

Profanations (et provocation)

Tombes musulmanes, Arras, 2008

Serge Gainsbourg, 1984

Toulouse, 8 mai 2007

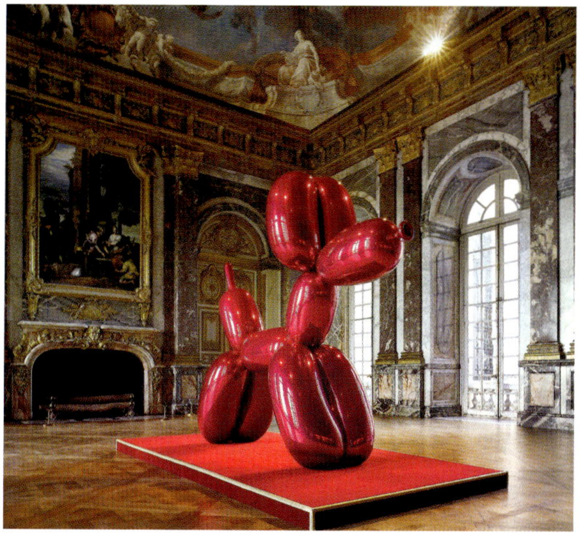

Jeff Koons, Versailles, 2008

Bureau présidentiel, Paris, 2008

céleste et fatidique. Cela rôde autour d'une paillasse de labo, devant une éprouvette d'embryons surnuméraires. Cela montre le bout de son nez sur le seuil du temple franc-maçon, où l'on peut voir du trottoir le frère portier filtrer les entrées en demandant le mot de passe. Ou cela nous saisit à l'improviste quand, se rendant en voiture à Verdun, sur une < route départementale, une borne nous signale : *Voie sacrée* **[<]**.

Lecteur, ne grimpez pas au Rajasthan. N'allez pas voir brasiller les cadavres, la nuit, sur leur bûcher, le long du Gange. Laissez tranquilles les Tarahumaras du Mexique, oubliez les masques Hopi et les katchinas des déserts d'Arizona. N'allez pas non plus vous enfermer dans une cage avec un coyote, sous une couverture de feutre. Pas d'excès de zèle. Ne courez pas à Hanoi, Ankara ou Pékin pour vous glisser dans la longue file d'attente devant le Mausolée où l'on vient s'incliner devant la momie du père de la nation. Ne poussez même pas jusqu'à la Tranchée des baïonnettes. Ces expériences sont instructives mais non indispensables. Le spectacle *hic et nunc* d'une mise en bière, d'une prestation de serment, voire d'un accouchement, vous mettra déjà sur la bonne piste. Et si vous êtes parisien et réfractaire à l'eau bénite, allez fureter rue Cadet, boulevard du Palais, rue des Archives, place du Panthéon, rue Geoffroy-l'Asnier, où se dresse le mur des Noms au mémorial de la Shoah, ou encore dans les allées sinueuses du Père-Lachaise. Promenez-vous le nez en l'air mais l'œil aux aguets. « Le lieu le plus obscur est toujours sous la lampe. »

Interdire le sacrilège et *légitimer le sacrifice* sont les deux attributs du sacral. Ils s'ébrouent désormais sans façons, et mènent leur vie hors des institutions *ad hoc*, temples, églises, mosquées et synagogues. Le sacré s'est évadé du consacré comme le génie de la bouteille, et il ne s'y renfoncera pas de sitôt. Même si l'actualité tourne autour du pot et du mot. On ne dit plus « Pour elle, un Français doit mourir », parce que le Français du XXIe siècle ne sacralise plus son Hexagone. Mais il lui arrive de plus en plus fréquemment de parler d'« outrage à la Nature », parce que, à mots couverts, une autre sacralisation s'opère dans nos esprits, autour du bio.

Tant il est vrai que l'on ne détruit que ce que l'on remplace. Nous avions l'Histoire comme marâtre, nous aurons la Nature… Il n'est pas sûr que nous gagnions au change. Lequel d'entre nous, en attendant, ne garde en tête des images et propos qui, servis à domicile par radio et télé, nous donnent un haut-le-cœur ou bien la chair de poule ?

Quand vous entendez dire : « À Auschwitz, on n'a jamais gazé que les poux » ; quand vous voyez un cimetière vandalisé, des tombes taguées d'une croix celtique ou gammée ; ou un « mort aux Arabes » en graffiti dans les toilettes, point n'est besoin de croire au surnaturel pour ressentir quelque chose comme un blasphème ou un sacrilège. Sans confondre les deux : le blasphème procède par la parole, le sacrilège par des actes. Nuance.

Et quand retentit une sonnerie aux morts dans la cour d'honneur des Invalides ou quand vous écoutez, un 18 juin, au mont Valérien, les derniers compagnons de la Libération reprendre en sourdine *Le Chant des partisans*, notre frisson n'a qu'un nom dans toutes les langues.

« Avez-vous déjà giflé un cadavre ? »

Que celui qui peut s'en vanter, par extraordinaire, lève la main.

Restons modestes. Nous ne sommes pas surréalistes et prendrons conseil auprès du moins ésotérique et du plus familier.

45

1.

Le génie du lieu

Par monts et par vaux

La parole aux pierres, en tout premier lieu. L'architecture est, avec la musique, notre plus ancienne encyclopédie et consultable par tous, tant la langue en est universelle. Les jeux de l'horizontal et du vertical, du clos et de l'ouvert ignorent les millésimes et les frontières. Les premiers ingénieurs du sacré que furent les architectes continuent de nous parler, par lignes et figures, dans un idiome silencieux que nous pouvons encore déchiffrer parce que nous avons toujours leurs bâtiments sous les yeux, tandis que les cantilènes de l'aube sont parties à jamais. Sans doute n'épuisera-t-on pas une nébuleuse psychique qui compte nombre d'expressions immatérielles, surtout chez les peuples dont la mémoire n'est pas monumentale mais rituelle, avec une radioscopie d'édifices et de paysages. Bruissent autour des sites où l'on dit que souffle l'Esprit, des légendes, des chants, des intrigues et des textes qui les dotent d'un magnétisme incomparable. On ne les oubliera pas. Mais l'aménagement matériel des niches où l'individu vient faire famille a un immense avantage : il ne se paye pas de mots. Voyons dans ces enclos privilégiés autant de fenêtres sur notre intérieur, autant d'invites à passer la tête.

Comment distinguer, dans le pullulement des curiosités naturelles ou monumentales, dans le croissant encombrement des sites classés, dans le lacis des « itinéraires recommandés », des « circuits d'écrivains » et des « maisons d'illustres » le *lieu sacré* ? Celui qui nous fait d'instinct rectifier la position, que l'on soit dans son pays ou à l'étranger : ralentir le pas, suspendre la parlote, mettre ou enlever son chapeau, se déchausser, se rajuster, bref changer d'attitude ? Peut-on en donner une définition claire et opposable ? Il semble que oui.

<

Que l'on y célèbre la Sainte Vierge ou l'éléphant Ganesh **[<]**, une victoire ou un désastre, un criminel de guerre ou un héros martyrisé, ces postes de guet ont un air de parenté. Leur génie, s'il est permis d'en faire l'anatomie, tient dans un assemblage de traits particuliers : la clôture, le rassemblement, le rituel, l'obligatoire, l'expectatif et l'indisponible. Avec, dedans ou alentour, de fortes poussées de fièvre. Ce modèle scénographique semble avoir traversé imperturbablement siècles et continents.

En première approximation : quand un site *isolé* de son voisinage immédiat sert de point de *rassemblement* à une communauté qui vient là *rituellement* se tourner vers l'*avenir* autour d'une trace privée de *valeur marchande* et dont la remise en cause serait *sanctionnée* par la loi, alors, oui, nous voilà face à une espèce d'espace que l'on ne peut assimiler à celui, trop étroit, de nos lieux de culte ni à celui, trop large, de nos fameux « lieux de mémoire », qui englobent de l'immatériel et de l'idéal[1].

Pour le sacré *in situ*, pas d'appellation contrôlée. Pas de liste semblable à celle des quarante-neuf lieux saints dévolus depuis sept siècles à la custodie franciscaine au pays de Jésus. Pas de dossier auprès du Conseil international des monuments et des sites (Icomos), pas de Comité du patrimoine mondial (Unesco) pour drainer les foules par un précieux sésame. Mais une *physionomie* étonnamment pérenne, qui peut croiser les « merveilles du monde » inscrites au répertoire mais qu'aucun

1. Pierre Nora (dir.), *Les Lieux de mémoire*, Gallimard, 1984-1997.

magistère n'impose, qu'aucune administration ne sélectionne. Ce plan rudimentaire ne tombe dans l'escarcelle d'aucune civilisation en particulier, ne se périme ni ne se démode et se retrouve au cœur de nos mégapoles comme au milieu des steppes. Si chaque branche de l'arbre humain s'est fait sa propre idée de ce qu'un mortel doit mettre à part de son train-train pour pouvoir le transmettre à ses successeurs, elles se rejoignent quant aux façons de s'y prendre pour s'extraire du courant et piéger l'éphémère. Comme si, malgré leurs différences d'échelle et ce qu'elles ont d'incommensurable, les sociétés avaient un inconscient aussi répétitif et intemporel, aussi programmateur et programmé que celui des individus, inconscient collectif dont ces lieux initiatiques qui nous donnent à penser parce qu'ils pensent mieux que nous offrent en quelque sorte une projection en 3-D.

Mausolées, panthéons, palais, mémorials, murs et voies : il y a plus à attendre de leur inspection que de nos introspections ; et de l'exploration des aîtres bien visibles que d'une énième méditation sur « l'insondable mystère de l'être ». Mozart parle à tous le langage de chacun, celui des déchirements et des joies intimes. Eupalinos parle à chacun le langage de tous, celui des rassemblements humains en quête de permanence et cherchant à triompher du vent par la pierre. Quels traits communs à ces lieux décalés où continue de flotter un rêve d'éternité ?

Voici les plus saillants, au premier regard.

Clos

Un palais de justice est un édifice qui a la particularité de n'être contigu à aucun autre. Le corps de bâtiment est décollé du gâteau urbain, protégé des bruits et des agitations de la rue, précédé d'un grand escalier ou d'un large emmarchement. Le temple de Thémis a traditionnellement la forme d'un temple grec : plan rectangulaire, symétrie axiale, colonnade ou péristyle, fronton triangulaire, murs épais, voire aveugles, imposante porte extérieure de bois ou de bronze. À l'intérieur, une salle des pas perdus en guise de narthex, puis des salles d'audience à lourdes boiseries de chêne. Ce style néoclassique s'est imposé après les révolutions française et américaine pour signifier à la fois la majesté et l'indépendance **[pl. 4]**. Nos lieux de justice pénale, protégés à la fois par le gendarme et leur aplomb, n'ont pas besoin d'une Bible posée sur une table, comme aux États-Unis, ni d'un crucifix accroché au mur, comme en Italie, pour intimer silence et respect. L'ordonnancement théâtral du prétoire nous signifie d'avoir à bien nous tenir une fois franchie la double porte capitonnée pour prendre place dans la salle d'assises ou la chambre d'appel, où n'importe qui ne s'installe pas n'importe où, comme dans une église. L'assistance doit se lever à l'entrée des magistrats, lesquels portent une robe et n'ont pas de nom propre, comme les prêtres à l'église. Il est interdit de boire ou de manger, de filmer ou d'enregistrer. Un jeune de banlieue est tenu d'y retirer sa casquette, voire un rabbin sa kippa, sous peine d'être expulsé de l'enceinte[1]. Le short et la sandalette se rencontrent plus aisément dans l'enceinte de Notre-Dame que

1. Cette mesure de police décidée par la cour d'appel de Paris (2011) a été fortement contestée par les avocats qui ont estimé qu'elle violait la Convention européenne des droits de l'homme.

dans celle du Palais de Justice de Paris. À en juger par le laisser-aller des assistants, le sacré profane semble plus exigeant que son alter ego confessionnel.

Le prétoire est subdivisé par des lignes visibles ou tacites, dont la plus discriminante est signalée par le barreau ou la barre fixée au sol **[>]** entre la salle et l'espace réservé aux juges, ligne que personne ne peut franchir, au point que lorsqu'un témoin, qui a prêté serment avant sa déposition, doit faire tenir une pièce au président, il doit la remettre à un huissier seul habilité à la faire traverser dans un sens ou un autre[1]. On ne jure plus en France sur l'Évangile, comme aux États-Unis sur l'Ancien Testament. Rarement sur ses grands dieux. On jure sur son honneur et sur sa conscience, sur la tête de ses enfants, sur les cendres de sa mère, bref sur « ce que l'on a de plus sacré au monde ».

\>

Qu'exprime-t-elle, cette architecture « parlante » qu'appelaient de leurs vœux les hommes de la Révolution ? Le Temple antique constitue en lui-même la première référence, non seulement comme représentation du Beau, mais comme symbole de la Raison et de la Sagesse. [...] Il se dresse seul, à l'écart des autres bâtiments officiels, traduction spatiale du principe de la séparation des pouvoirs. Et cette solitude souveraine est renforcée par le jeu des marches qui conduisent au portique d'accès, auquel les colonnes donnent rythme et force, équilibre et puissance. Cette situation dominante, qui met la Justice au-dessus de l'agitation immédiate de la rue, témoigne de ce qu'elle maîtrise les passions comme elle résout les conflits de la Cité.

Robert Badinter, préface à *La Justice en ses temples*, Association française pour l'histoire de la justice, Errance, 1992.

« Il est de la nature des lieux sacrés, écrit Louis Gernet, l'historien de la Grèce ancienne, qu'ils soient *limités*. Quand ils sont le siège d'un

1. Antoine Garapon, *Bien juger. Essai sur le rituel judiciaire*, Odile Jacob, 2010.

Lieux de justice : du sacré…

Montpellier

… au profane

Avignon

Pontoise

culte organisé, ils sont entourés d'un mur ou d'une ligne de bornes[1]. » Temple, *templum*, vient du grec *temno*, découper, trancher, qui a donné *teménè*, le sanctuaire. *Res sanctae*, les choses sacrées, désignait dans le monde romain les murs et les portes de la ville. Et quel fut le premier acte de Romulus, le fondateur de Rome ? Tracer, avec un soc de charrue, la ligne sacrée, le *limen*, délimitant le périmètre inviolable de la Ville, la mettant à part, hors d'atteinte — ligne que son frère Remus osa violer, ce qui lui valut la mort. Quelle était la fonction de la royauté sacrée ? *Regere fines* : fixer les bornes, pour qu'advienne le sens. Le *haram* arabe comme le *herem* hébreu — avec la même racine *h-r-m* — renvoient eux aussi à l'idée de clôture. Et aux antipodes du harem, le *Campo Santo*, où le chrétien a ramené d'Orient une poignée de terre sainte pour s'y faire enterrer, s'entoure de très hauts murs.

On a coutume d'assimiler l'expérience du sacré au vertige de l'infini, luxe gracieusement offert au bipède par la voûte céleste ou l'Océan sans rivages. Tel serait, selon Romain Rolland, « le sentiment océanique de la vie », mi-délicieux, mi-angoissant. Brouillards d'Ossian ou nirvana de Tristan… Les données d'observation — Grèce antique, France laïque ou Amérique protestante — ne vont pas dans le sens d'un tel vague à l'âme. Comment prendre la mesure de l'immensité si on ne la *cadre* pas (et plus serré le cadrage, plus pressant l'appel) ? Comment rendre la lumière plus étincelante qu'en plongeant dans la *pénombre* ? Pour qu'un *ici* s'ouvre sur un *par-delà*, la hauteur de plafond compte moins que le mur d'enceinte. C'est enchâsser qui importe, pour la raison qu'aucun ensemble ne peut se clore avec les seuls éléments de cet ensemble (axiome d'incomplétude). D'où vient que seule une délimitation physique peut faire advenir de l'illimité dans les têtes. Anxiogène est le Déluge, sécurisante l'arche de Noé. Aussi la balise claustrophile se signale-t-elle par des formes régulières, orthogonales ou circulaires, inexistantes dans

1. Louis Gernet, en collaboration avec André Boulanger, *Le Génie grec dans la religion*, La Renaissance du livre, 1932.

la nature — car c'est cela qui rassérène et coupe net au vertige. Nous avons trop de motifs d'inquiétude pour ne pas soigner nos pourtours. Le *Paradis* chrétien vient de l'avestique *pairi-daeza*, terme technique désignant « la nature enclose ». C'est l'Éden fécondé par un cours d'eau et planté d'arbres généreux, où l'on entretient des animaux domestiques (un serpent peut s'infiltrer). Quoi de plus « paradis sur terre » qu'un parc à l'ombre d'une futaie, un jardin bien arrosé au milieu d'alentours insécures et sauvages ? Il n'y a de paradis que perdu, et le fait est que nous avons perdu au change le jour où Adam et Ève furent expulsés du périmètre. D'où une certaine nostalgie.

La Bible nous renseigne sur cette géographie affective. À la mer, synonyme de chaos et de violence, d'où sortent monstres et maléfices, s'opposent le lac ou la mer intérieure, aux eaux calmes et circonscrites. Rebutants, les marais, attirant, le fleuve, que ses rives arrachent au destin triste du marécage. Décourageant et inquiétant est le désert en son horizontalité vague, lieu d'épreuve et d'errance où Jésus doit affronter Satan ; incitatifs et salvateurs sont les monts, Ararat, Carmel, Nebo, Hermon, Sinaï (« Dieu appela Moïse sur le sommet de la montagne »), sans parler de Sion, du mont des Oliviers et du Golgotha, lieux messianiques par destination (« à l'écart d'une haute montagne »). Comme nous battons la mesure du temps avec des jours fériés (le moine y ajoutant au quotidien la liturgie des heures et des offices, de matines à complies), nous rythmons l'étendue terrestre en soulignant des intervalles et des dénivellations, de façon à théâtraliser le chahut du monde. Clôture de la *cella* antique, du *cloître* chrétien, abbaye ou monastère, du *sérail* ou du *harem* ottomans, du *tata* sénégalais **[>]**, de la nécropole des guerriers morts au combat, avec ses hauts murs en ocre rouge, son entrée fortifiée et ses petites pyramides d'angle hérissées de pieux. Sur le jardin sec chaque jour ratissé où l'on vient méditer dans le temple Ryôan-ji de Kyoto, c'est la bordure de pierre, clé de ce microcosme de sable et de rochers, qui convertit l'étendue en intensité. Le trait suspend le pas, comme la ligne blanche du stade. Signifiant

>

au visiteur que ce monde écarté du monde en condense la vérité sur quelques mètres carrés. Un lieu symbolique est d'abord un huis clos où l'on n'entre pas comme dans un moulin **[pl. 5]**.

Ces formes enveloppantes et matricielles, l'image aérienne et virtuelle les repère jusqu'au néolithique, montrant que les alignements de menhirs de Carnac étaient associés à une forme ovoïde ou rectangulaire *fermée.* De même pour le site de Stonehenge, sur la plaine de Salisbury, dans le sud de l'Angleterre, probable temple ou observatoire solaire, où les malades venaient chercher une guérison miraculeuse (entre 3000 et 2500 avant J.-C.). Ses menhirs en grès dessinent un *cercle* parfait d'où on pouvait voir à l'horizon, dans l'axe d'un portique, le soleil se lever au solstice d'été. Le besoin de protection est resté fidèle à ces marques primitives et le clergé catholique, millénaire pourvoyeur de sécurité, a durant des siècles fait *tourner* autour des murailles urbaines les processions du Saint-Sacrement et la châsse du saint local. La *circumambulation,* destinée à reconsacrer l'*intra-muros,* a plus de vertus apaisantes que le défilé en ligne droite[1].

Tout ce qui *dramatise l'accès* sanctuarise ; tout ce qui le facilite désacralise. Aussi les hommes ont-ils investi des moyens et un temps considérable à *s'aménager de l'inaccessible,* ziggourat ou hypogée. Pour loger tout en haut un monastère (le mont Athos) ou tout en bas une armée en argile (du premier empereur à Xi'an). On juche ou on enfouit. Jamais de niveau, ni à claire-voie. Plaisir nécessaire de la difficulté.

Archétypal, le tombeau de Toutankhamon. Au fond d'un dédale, avec une antichambre pour garder l'entrée, trois sarcophages emboîtés l'un dans l'autre, jusqu'à la momie elle-même défendue par un masque en or massif. De cette tombe hyperbolique à la crypte néobyzantine de l'Institut Pasteur **[<]** où repose le corps du grand savant, de ce Q.G. pharaonique aux caves du Panthéon (avec, là aussi, escalier, anti-

<

1. Sur la « vertu thérapeutique des boucles » lors des parcours processionnels, par opposition aux cortèges révolutionnaires, aller-retour en ligne droite, voir Jean Delumeau, *Rassurer et protéger. Le sentiment de sécurité dans l'Occident d'autrefois,* Fayard, 1989.

chambre et diverticules), il n'y a pas solution de continuité. Il y a décalage de niveau ou retrait dans un espace plan. En dehors des vigiles en uniforme, appariteurs ou huissiers, il y a un *sas*, une cour d'honneur ou un péristyle à franchir, une esplanade ou un parvis à traverser, un bois à parcourir, sur un chemin qui monte. Le sacré ? Ce qui se tient derrière la porte en bronze, le rideau — de scène, de lit ou de brume — ou sous le voile, et qui ne se livre pas au premier coup d'œil. L'au-delà que dérobent au regard les volets fermés du polyptyque flamand, comme le *Jugement dernier* de Van der Weyden, dont l'avers montre le portrait des donateurs profanes mais qu'il faut ouvrir pour découvrir les scènes du jour J, avec l'archange saint Michel et Jésus-Christ.

Le cœur du cœur de la mémoire française repose à l'hôtel de Soubise dans une armoire de fer, encastrée dans la salle dite des Trésors, aux Archives nationales. Là se conservent les documents faisant foi : papyrus mérovingiens, traité de Westphalie, étalons du mètre et du kilogramme dans leur écrin de couleur cramoisie, clés de la Bastille, sceaux en cire de la République, matrice en cuivre froissé de la Déclaration des droits de l'homme, serment du Jeu de paume, minutes du procès de Louis XVI, testament autographe de Napoléon... et les originaux de la Constitution de 1958 **[pl. 6]**. Les « titres de la nation », c'est le *dépôt de fondation et de garantie*, la carte d'identité de notre pays attestant d'une continuité entre Ancien Régime et Révolution. L'acte notarié est enfermé dans une armoire à triple serrure et code secret, protégée elle-même par deux grandes portes en bois, imitant celles d'un temple, et dont le rituel d'ouverture n'est pas sans évoquer celui de la porte du Saint-Sépulcre à Jérusalem : présence requise de trois autorités et besoin de trois clés concomitantes. Devant le coffre-fort de la nation, un cordon rouge en chancel et une table d'autel : une Sainte-Chapelle sans bon Dieu. Sur les autres murs de la salle, un grillage protège les cartons d'archives.

Coffres et châsses, caves et concavités, grottes et nymphées sont de partout. C'est la petite arche — armoire recouverte d'un rideau

Pérennité du périmètre

Stonehenge (Angleterre)

Temple Ryôan-ji (Kyoto)

renfermant les rouleaux de la Loi, eux-mêmes enveloppés de velours ou de soie, l'endroit le plus sacré de la synagogue. C'est le *mihrab* creusé dans le mur intérieur de la mosquée. C'est la *niche* africaine pour l'autel des ancêtres. C'est la cloche de pierre évasée, le *stupa* censé contenir une mèche de cheveux du Bouddha. De la grotte sacrée de Lascaux à celle de Massabielle, à Lourdes [<], de l'antre de la Sibylle, à Cumes, à l'Historial de Gaulle, en sous-sol aux Invalides, tout ce qui fait ombre et poche renforce l'aura — et l'attrait. Dans le tao chinois, il est question des *grottes-ciel*, car en s'enfonçant dans leurs profondeurs, on se rapproche aussi bien du ciel qu'en faisant l'ascension d'un pic sacré. Il faut fermer cérémonieusement la porte du temple à la voûte étoilée pour que la tenue franc-maçonne puisse commencer. Il faut un *moucharabieh* entre la rue et le dedans de la maison arabe. Et, pour les saintes espèces, un ciboire sous un linge appelé *pavillon* mis à l'abri d'un tabernacle, lui-même recouvert d'un voile. Le *nec plus ultra* : sous un dôme — des Invalides —, un cœur — de Vauban —, enfoui dans une cassette — en plomb.

Non moins archétypale la Pierre noire de La Mecque, insérée dans la Kaaba, elle-même engainée dans une housse renouvelée deux fois par an, censée être un météorite chu à la verticale d'un désastre obscur. Le mammifère debout préfère le mât, le clocher, le menhir, le *bétyle* érigé par Jacob à l'endroit où il vit en rêve Dieu au sommet d'une échelle adossée au ciel par où montaient et descendaient des anges. Cette porte des cieux, il l'appela Béthel — la maison de *El*, le Dieu. (D'où le toponyme de *bétyle* attribué en nom commun à ce genre d'érections granitiques, de blocs orthostates ou de pierres sacrées, qu'on retrouve jusqu'en Inde.) De la stèle noire d'Hammourabi aux flèches de nos cathédrales, des stèles muettes de Byblos aux pagodes du Japon (pourtant pays d'immanence), de nos campaniles aux tours de Manhattan, la hauteur est variable, mais la quête de verticalité, invariante.

La montagne est propice aux rencontres au sommet, entre Moïse et le Très-Haut, entre l'« empereur jaune » et le Ciel, qui le reçoit en

audience au-dessus de la mer des nuages. Collines, cônes et pics, d'où la ligne droite vers l'empyrée est la plus courte, se coiffent tout naturellement de croix, clochers et pins centenaires. L'éminence judéo-chrétienne — monts Athos, Sinaï ou Saint-Michel — est une variante locale. Monts Huangshan perdus dans la brume, près du Yangze, au sud-ouest de Shanghai, lieu des remèdes d'immortalité, où se dévoile le principe qui gouverne le monde. Mont Fuji **[>]**, vénéré comme une divinité, dont l'ascension fut longtemps interdite aux femmes, comme l'est le mont Athos, interdit depuis l'an 1060 à la gent féminine. *Mont Uluru* des Aborigènes d'Australie, dressé en pointe de lance au milieu du *bush. Mont Kailash* **[>]**, pyramide enneigée aux confins de l'Inde et du Tibet, pic inviolé pour quatre religions, hindouisme, jaïnisme, bouddhisme et lamaïsme (les pèlerins en font treize fois le tour en priant). *Machu Picchu* dans les Andes péruviennes, où perche, à deux mille quatre cents mètres d'altitude, l'ultime symbole du monde inca, un sanctuaire adossé à cinq mille ans d'histoire. *Borobudur*, montagne sacrée modèle réduit fait d'un empilement de terrasses au milieu d'un mur d'enceinte tracé au cordeau. Mais aussi : butte du Panthéon, butte rouge, « colline éternelle » de Vézelay, « colline inspirée » de Sion en Lorraine. Le tumulus, l'éperon rocheux, la simple bosse font plus rêver — pleurer, bâtir et chanter — que la cuvette. Une esplanade surélevée, comme le mont Moriah de Jérusalem, a vu s'édifier, défiler dans un mouchoir de poche les deux temples juifs, un temple romain, une église chrétienne, le dôme du Rocher et la mosquée al-Aqsa — embarrassant entassement. *Mutadis mutandis*, ce ne sont pas la dorure et le velours du siège royal qui faisaient le trône, mais le *gradin* qui élevait le roi au-dessus de ses sujets, et le *dais*, symbole physique de la voûte céleste[1]. Pas d'ambon sans marchepied. Pas de colonne sans stylobate. Le juge a gardé sa plate-forme et son prestige, le prof a perdu son estrade, et le respect des parents d'élève. Une salle d'audience demeure

1. *Trônes en majesté*, exposition présentée au château de Versailles, mai-juin 2011.

Inaliénable et protégé

Armoire de fer des Archives nationales

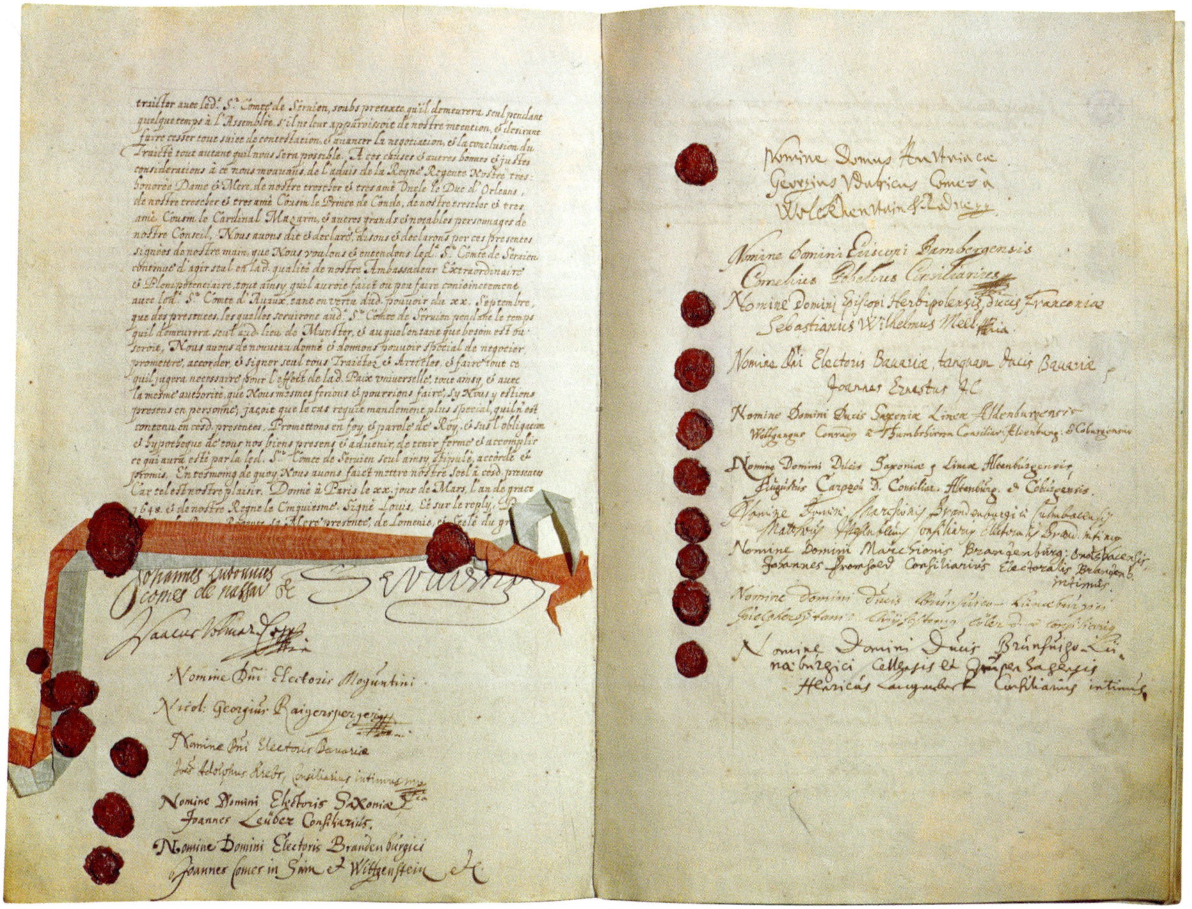

Traité de Westphalie (1648)

un sanctuaire, la salle de classe tourne à la garderie. Quand son plancher a été aplani, le prof a dévalé la pente, et l'Éducation nationale **[<]** a suivi sa dégringolade.

Une métaphore. Que nous apprend-elle ?

Qu'une terre promise ouverte à tous les vents cesserait de l'être. Et que la clôture — grillage, cordon, balustrade, haie, barrière, jubé, chancel, courtine — est d'un autre ordre que le rinceau ou la palmette. Ce n'est pas ornemental mais transcendantal. Ce qu'illustre la petite chaîne autour du monument aux morts municipal aussi bien que la grille royale au beau milieu de la cour du château de Versailles, c'est *l'exhaussement par délimitation.* « On arrête là, pas touche, et pas plus loin. » C'est avec la clôture du *Canon*, vers la fin du IVe siècle, la séparation des textes reconnus comme dignes de foi par l'Église d'avec d'autres de même nature mais déclarés, eux, hérétiques ou apocryphes, que les écrits de circonstance d'un corpus mal fermé sont devenus les Saintes Écritures. Ce sont les *ultimes paroles* d'un mourant qui valent pour dernières volontés ; comme la *dernière œuvre* du peintre fait blason et la *dernière lettre* du condamné, testament holographe ; et un lieu de naissance n'a jamais l'aura de la *dernière demeure.* « La mort transforme la vie en destin », en lui fixant sa *dernière frontière.* Une fois cette existence trop ouverte refermée par un point d'orgue, chacun peut en faire le tour, mais du dehors. Un homme est décédé, un *dedans* nous fait face, qui nous laisse en contrebas, dans le profane (*pro-fanum* : devant l'enceinte, à l'extérieur). Les scellés par nature transfigurent. C'est du fond de son cercueil qu'un politique clôt le bec de ses ennemis (du moins y a-t-il un délai de décence). La bisbille fait relâche. *De mortuo nisi bene* : d'un mort, ne dire que du bien.

Rassembleur

Le haut lieu fait lien. Ce lien s'active par un rituel, qui en fait un point de rencontre régulier. Il n'y a pas plus de langue que de sacré d'un seul. Les recettes de cuisine gribouillées sur un mauvais papier par un déporté qui n'est pas revenu sont sacrées pour sa famille, et la sauvegarde de ce document privé est considérée comme une mission d'intérêt national. Aussi son détenteur est-il invité, pour en éviter la dégradation matérielle, le détournement ou la dispersion après décès, à en faire don ou dépôt à un grand service public d'archives, nationales ou départementales.

Les sanctuaires en Grèce ancienne permettaient aux cités en guerre de se retrouver le temps d'une trêve. Delphes consacré à Apollon et Olympie **[>]** à Zeus, où affluaient offrandes et métaux précieux, furent les seuls réceptacles du *panhellénisme*, avec leurs *panégyries*, foires lyriques, et leurs *jeux Olympiques*. Ils renvoyaient aux Grecs l'image de leur grécité comme nos olympiades, une fois tous les quatre ans, nous offrent un panorama d'humanité **[pl. 7]**.

>

Le sport, dernière grande religion universelle ? Les stades, cathédrales du XXIe siècle ? Il s'en faut de beaucoup, même si le pape en tournée choisit plutôt ceux-là que celles-ci pour délivrer son message. Nos festivités athlétiques souffrent d'un excès de réalité. Le sport manque par trop de mélancolie pour faire une religion viable, et nos stades géants, d'arrière-plan mythique, âge d'or ou grand soir. Toute sacralité est post- ou antidatée. Elle met de l'ailleurs dans l'ici, de l'hier ou du demain dans l'aujourd'hui — ce que fait une messe dominicale, un cortège du 1er Mai ou un défilé du 14 Juillet, mais non un match de foot ou un quatre cents mètres haies. Le sport est un présent répété *ad libitum*,

D'un sacré…

Megachurch *(Houston)*

Pèlerinage (La Mecque)

… l'autre

Jeux olympiques (Pékin)

intense mais sans profondeur de temps, et le meilleur Tour de France ne célèbre que lui-même, sans l'effet d'écho indispensable. Mais en termes de ferveur collective, au vu des multitudes rassemblées, l'hypothèse peut se défendre et ce ne serait jamais qu'un retour aux sources. Née à Olympie, la compétition quadriennale — course de chars, athlétisme et pugilat — croisait l'horizontale avec la verticale puisqu'elle rendait hommage, sans idée de record, aux divinités ; les athlètes, entre processions, sacrifices et prières, prêtaient serment à Zeus. Le stade jouxtait le sanctuaire, conglomérat de temples, d'autels et de statues cerné par un mur continu ou *péribole*. C'est juste au flanc de cette enceinte sacrée que fut construit le dernier en date et le plus grand (212 mètres de long, 50 000 spectateurs) des trois stades successifs d'Olympie, aussi inviolables que les temples mitoyens. Le solennel de nos cérémonies d'ouverture et de clôture des jeux Olympiques ravive cet héritage, et le Comité international olympique fait du site sélectionné un sanctuaire à titre temporaire. Ce qui rendit proprement sacrilège l'attentat de Munich (1972), comme le fut l'attaque terroriste contre l'équipe de cricket du Sri Lanka en tournée au Pakistan (2009), le « Munich d'Asie du Sud ». Suspendant les haines régionales et religieuses, les trêves dues au cricket sont explicitement sacralisées en Asie méridionale, parce que les seules capables d'unifier en un public des peuples ennemis.

Défilé, procession, cortège, attroupement : comme un roi sans cour devient un triste sire, un haut lieu sans pèlerins devient un « vaut le détour, pas le voyage ». Parce qu'il est centripète, il insère dans notre ordinaire, à défaut des festins où s'ouvrent tous les cœurs, des parenthèses d'unanimité qui ne sont pas toujours que de politesse. Gauche et droite se retrouvent sous l'Arc de Triomphe le 11 novembre ou le 8 mai, comme tous les présidents élus d'Europe, Ouest et Est réunis, se sont retrouvés en 2005 devant le portail d'Auschwitz pour le soixantième anniversaire de la libération du camp. Tel est le rôle de ce que Valéry appelait les « monuments de la coordination » (où il mettait, à côté du temple, le théâtre et le tribunal). Chaque civilisation a besoin, au moins une fois l'an, de former le carré. Elle peut en changer, de carré, mais tant qu'elle se croit un avenir, il lui en faut au moins un.

Le musée se contente d'un public et il y a foule à l'expo ; un sanctuaire veut plus : d'une foule, il fait une communauté — Yad Vashem en Israël, ou La Mecque en Arabie. Un lieu de mémoire enrichie (comme on le dit de l'uranium) n'a pas de spectateurs mais des *spectacteurs*. Les uns regardent, les autres participent. Ils font corps. Pourquoi ? Parce qu'ils y retrouvent leur âme. Qu'est-ce qu'une âme ? Ce qui empêche un corps de se décomposer. De quoi a-t-il besoin, « le souffle sacré », pour affleurer de loin en loin ? De cérémonies, activités physiques où le corps s'engage et qui de loin en loin remettent un collectif en état de marche — à dates fixes. Un rite est une machine à remonter le temps et à refaire le plein. *Pessah* rejudaïse les juifs, le 14 Juillet refrancise les Français et le Nouvel An chinois resinise les Han. Le visiteur au Louvre ne dépose pas une veilleuse de cire rouge au pied d'un retable. On voit des orthodoxes, à l'Ermitage, se signer devant une icône, et des Japonais, à Tokyo, faire courbette devant un kakémono. Mais on ne voit pas de Grecs, à Athènes, brûler de la myrrhe devant un Zeus. Pas de rituel dans un musée. Pour explorer l'intime d'un peuple, il ne faut pas le regarder en train de regarder ses collections d'art, mais voir quels sont ses gestes dans ses moments les plus graves, et selon quel ordonnancement. Les rituels judiciaires, par exemple, en disent plus sur les arrière-cours d'une mentalité que les professions de foi. Il n'y a pas de différence de nature entre une salle du MET (New York) et une salle du Louvre (Paris). Mais il y a une différence de structure, sensible à l'œil nu, entre une salle d'audience américaine, où l'on va et vient sans façon, et un prétoire français, qui assigne à chacun sa place. À New York, pas de décorum, pas de rhétorique ni d'enquête de personnalité **[pl. 8]**. L'accusé n'est pas isolé dans un box, entre deux gendarmes, mais tout bonnement assis à une petite table à côté de son avocat. L'avocat, sans robe, comme le ministère public, peut s'approcher librement du président, de même que le procureur, ou le *state attorney*, de l'accusé. L'absence de théâtralité est la marque d'une justice

Salles d'audience, à Paris…

Une « scène »

… et à New York

Un « atelier »

protestante, fonctionnelle et sans pompe, alors qu'en France, où le procès respecte les trois unités de la tragédie classique (de lieu, de temps, d'action), une cour d'assises manifeste la transcendance de la Loi sur les individus, attestée par le port d'une tenue uniforme et par l'anonymat des juges (alors que le juge américain a son nom à l'entrée de la salle d'audience). Aux États-Unis et dans les pays de la *Common Law*, le verdict est l'expression d'une transaction conventionnelle et empirique sur du vraisemblable, par un contrat mutuellement négocié entre l'inculpé et un juge arbitre ; en France et en pays latin, l'inculpé est confronté au sacré de la Loi, expression de la volonté souveraine du peuple et de l'intérêt général dont le juge **[<]** est le ministre et l'intercesseur (comme le prêtre l'est de la vérité évangélique). On a déjà remarqué qu'il y a plus de sacralité dans le prétoire d'un pays officiellement agnostique où l'État est indépendant de la religion que dans les pays profondément religieux où la religion est indépendante de l'État. Sans doute parce que notre justice est investie comme par défaut d'une surcharge symbolique, qu'assume et concentre outre-Atlantique la révélation chrétienne, laissant en contrebas le champ libre à un certain pragmatisme.

La salle d'audience évoque, aux États-Unis, plutôt un atelier, une salle de travail qu'un espace sacré. Les divers bureaux du juge ou du greffier sont d'ailleurs envahis par une multitude de papiers (il n'y a pas à proprement parler de dossiers) et certains documents sont punaisés à même la cloison. On y voit beaucoup d'ordinateurs, ce qui n'est pas le cas en France. Sur toutes les tables — y compris dans les juridictions supérieures — sont disposés des gobelets et des bouteilles d'eau minérale. Il est, en effet, interdit de manger ou de fumer, mais non de boire ; il n'est pas rare de voir le juge boire pendant l'audience des boissons sucrées et vitaminées fort répandues aux États-Unis. Cela serait impensable en France, où il est interdit de manger comme de boire dans les salles d'audience.

Antoine Garapon, *Bien juger. Essai sur le rituel juridique*, Odile Jacob, 2001.

L'esprit de corps d'une société se déploie, bien sûr, à de plus humbles paliers. L'esprit de clocher, variante nombriliste et rogneuse, pourrait en être la version rabat-joie. Et, à l'autre extrême, le chant choral, la version exaltante. La musique dite sacrée n'a pas toujours besoin d'un autel. Wagner, à propos de son *Parsifal*, parlait d'une « représentation sacrée » ; les habitués de Bayreuth reprennent parfois l'expression. Si ce genre de musique n'est pas qu'un simple moyen de rassemblement, il est certain qu'elle n'est pas faite pour une fatuité de ténor ou de *prima donna*, tant s'en dégage une atmosphère de communion. L'unisson d'un cantique, avec antienne et répons, qui prend au corps et en corps les fidèles peut élever vers Dieu : plain-chant grégorien, motet renaissant, choral luthérien, *Magnificat* de Monteverdi. Il peut également raccorder tout un chacun à sa terre d'origine : chœurs de l'Armée rouge, polyphonies corses, basques ou irlandaises (les peuples qui savent chanter en chœur sont durs à la peine et bons à la guerre). Deux incarnations possibles : le psaume biblique et l'hymne national. Mais, croyant ou incroyant, le chœur a toujours « grande force et vigueur d'esmouvoir et enflamber le cœur des hommes » (Calvin). Cette charge émotive, c'est l'intérieur d'une communauté qui lui revient en âme sonore, et lui fait résonner son passé au présent. Le père Couturier, dominicain qui recruta en son temps Le Corbusier, Braque et Matisse, fieffés agnostiques, pour construire un couvent ou orner une chapelle, n'était pas loin de reconnaître que tout art devient sacré quand il se fait choral **[pl. 9]**. Et il le situait plutôt du côté des masques africains ou des totems océaniens que de Saint-Sulpice. « L'universelle dégénérescence de l'art religieux, visible en tout pays, n'a pas atteint l'île de Bali », notait-il lui-même, sans doute parce qu'il est loisible à une foi collective de faire du beau en injuriant la beauté. L'art sacré, on le trouve plus fréquemment dans la rue ou à l'air libre qu'au musée du même nom. Ce ne sont pas les Vierges de Botticelli, mais celles, populaires et bariolées, grossièrement attifées, portées à dos d'hommes dans les *paseos* de la Semaine sainte à Séville au milieu des cris et de la foule, qui nous en rapprochent le mieux.

Le vibrer-ensemble : le chant

Chœur soufi, Mayotte, 2010

Chants de la Révolution culturelle, Nankin, 1967

Les Petits Chanteurs à la croix de bois, 1994

« Union sacrée » ? Un pléonasme. Un cercle vertueux. L'union fait la force, le sacré rend plus fort. Plus soudé, plus résistant et moins douillet. Cela peut même pallier le manque de religion, la dispersion dans la nature, les mariages mixtes et les dissensions entre droite et gauche. Ce qu'a permis la sacralisation de la Shoah pour la communauté juive américaine, par exemple — alors que Roms et Tsiganes n'ont pas su inventer un terme spécifique pour leur propre ethnocide, ni organiser un culte distinctif. Quand un groupe plus ou moins inconcerté s'accorde sur une pierre d'angle inquestionnable et exclusive, il gagne à la fois le respect de lui-même et celui des autres. À ses voisins, il dit deux choses d'un même souffle : nous ne faisons qu'un (*we are one*) et nous sommes différents de vous[1]. Mais ne nous méprenons pas : c'est l'union qui fait du sacré, non l'inverse. La terre sacrée des Sioux ou des Cherokee a cessé de l'être effectivement après qu'ils ont été décimés ou expulsés par le cow-boy, ou dissous en douceur dans l'alcool. Dès qu'une diaspora trouve le moyen de faire son unité (comme le peuple hébreu l'avait fait historiquement avec la Lettre et le Livre unificateur), émerge un sentiment de confiance en soi, comme un tranquillisant. Mais oublier que c'est le pèlerin à coquille qui fait Saint-Jacques-de-Compostelle — comme le républicain à principes a fait le Panthéon et le stalinien, Stalingrad — reviendrait à prendre l'effet pour la cause, ce qui est le propre du fétichisme **[pl. 10]**. Les pierres tombales sont des médiums. Elles font passer le message si et seulement si un vivant vient de temps à autre déposer sur la dalle un caillou ou une violette. Si le passeur abandonne, le marbre se tait. Quand une communauté vivante n'est plus là pour dorloter le défunt, l'employé succède au bénévole et le syndiqué à l'obligé : c'est musée.

Étonnant comment la seule idée de ne plus avoir accès au tombeau du Christ a pu jeter sur les routes des milliers de croisés qui ne pouvaient ignorer, dimanche de Pâques oblige, qu'il n'y avait rien dedans.

1. Peter Novick, *L'Holocauste dans la vie américaine*, Gallimard, 2001.

Magie des sépultures, y compris des cénotaphes, comme Rousseau à Ermenonville : elles raniment les vieilles troupes. Rien de mieux qu'un cortège funéraire s'étirant le long d'une allée poudreuse, tête baissée, mains derrière le dos, pour reconstituer une ligue dissoute, se retrouver entre complices. Un enterrement n'est pas toujours une mondanité de bisous-bisous. Il arrive que des sans-famille y refassent un moment famille. Et que, entre deux hommages sédatifs, les funérailles d'un président nous donnent soudain un arrière-goût de république…

Le sacré, chagrin dopant, deuil revigorant, peut aussi servir à muer un troufion en guerrier. D'où la précaution consistant à escamoter la dépouille de l'ennemi vaincu, pour prévenir les retours de flamme. Ce qui ne put se faire avec le cadavre d'Arafat, les autorités américaines l'ont presque réussi avec Che Guevara et bel et bien avec Ben Laden (l'océan où l'ancien allié saoudien de la CIA fut immergé déjouant toute localisation). Pas de cippe, pas de pèlerinage. Pas de stèle, pas de vengeurs. C'est l'éternel pari des vainqueurs.

Fétichisme (gouvernemental)

Manama (Bahreïn), place de la Perle, février 2011

Mars 2011 : plus de centre, plus de concentration ?

Interdit

Un lieu sacré a ses zones réservées et ses comportements prohibés. Par qui ? Par les ayants droit, les initiés, qui ont des places exclusives. Et interdits à qui ? À ceux qui ne sont pas de la paroisse, du clan, de la loge, du rite, du parti, de l'Église, de la secte, du réseau ou du métier. Aux non-initiés. Secret-sacré. Les endroits qui haussent la mire et font baisser le ton, un curieux ne peut pas les visiter de fond en comble, comme une maison en vente, ou comme les sites inscrits au patrimoine mondial, tenus de s'ouvrir au public, sans restriction. Là où l'on dit la messe, passe une thèse, écoute une « planche » ou rend la justice, il y a du labyrinthe. On ne peut entrer dans un temple franc-maçon sans y être invité. Et le profane restera dans les stalles latérales.

Le *Seder*, le repas de Pâques, doit n'accueillir que des juifs ; pas d'infidèles à La Mecque ; pas de juifs à al-Aqsa ; pas de laïque à la Grande-Chartreuse (où les pères ne cohabitent pas avec les frères). Et chez les bénédictins, plus ouverts, impossible de passer de l'hôtellerie au cloître lui-même. Partout, barrières, chicanes, écrans. Le chœur dans une église, la pelouse sur un stade, la scène dans un théâtre ou le chancel au tribunal distribuent des élus en uniforme d'un côté et des pékins en civil de l'autre. Dans la chambre du Roi-Soleil, une balustrade dite « balustre » séparait du reste de la pièce l'espace sacré de l'alcôve où se dressait le lit-autel. « Entrer dans la balustre » était une faveur exceptionnelle, qui faisait pâlir d'envie le duc de Saint-Simon.

Le judéo-christianisme n'est pas responsable de cette entorse à la libre circulation et à l'égalité des hommes. Ni l'empreinte monothéiste. Lhassa, tant qu'elle fut ville sainte, et le Tibet tout entier, tant qu'il fut une terre sacrée, étaient interdits aux Occidentaux. Et en Chine, le plan de la cité idéale, celui de la Cité interdite **[>]**, est un périmètre carré, avec quatre portes pour les points cardinaux (Pékin fut construit sur ce modèle). Pas de pays plus matérialiste que celui où derrière le portail de la maison traditionnelle à cour carrée doit se trouver un mur-écran, qui interdit aux esprits malfaisants de pénétrer dans l'espace clos (le mauvais génie, parfait imbécile, fonce en ligne droite). Et une Grande Muraille y a pris valeur totémique. On se souvient que la résidence impériale, le Palais pourpre du Fils du Ciel (comme l'étoile Polaire, appelée étoile rouge, pivot immobile du ciel changeant), était fermée aux étrangers. Protégée par son enceinte violette et ses larges douves, elle n'était pas seulement interdite aux « barbares », obligés de la contourner pour passer d'est en ouest, elle interdisait à quiconque d'édifier des monuments plus hauts que ses propres toitures. Voir *René Leys*, le roman de Segalen. Ne supportant pas « la sacrilège ignorance de ses compatriotes », le Belge expatrié, en proie à « l'emprise de toute la magie enclose dans ces murs », invente mille ruses pour avoir un jour accès à ce qu'il appelle « le dedans », « le milieu » de l'empire du Milieu où réside le maître du monde, le médiateur entre le Ciel et la Terre. « Je vais pour la dixième fois l'assiéger, l'envelopper, tenter le contour exact… » Ce sera l'échec pour lui, et pour son ami Leys, plus chanceux, la mort.

>

Plus de Fils du Ciel à Pékin mais toujours des murailles sang-de-bœuf autour du siège du gouvernement et du Parti communiste, le *Zhongnanhai*, nouvel arcane jouxtant la Cité interdite.

Les lieux clos qui font pause, où il faut chanter ou bien écouter, ne sont pas d'un seul tenant. Ils imposent à l'homme pressé une progression régulière et scandée, comme un parcours initiatique qui fait avancer en dignité, monter les degrés d'une hiérarchie spirituelle ou sociale. Ainsi de la gradation des couleurs dans un temple du Grand Orient **[>]**, du plus sombre au plus clair, depuis l'entrée par l'occident jusqu'à l'orient lumineux de l'estrade en abside où siège le Vénérable. Dans un temple grec, il y a *pronaos* et *naos*. Dans une église chrétienne, il y a le porche, le narthex, où se tiennent les catéchumènes, la nef, où prient les

>

fidèles, et le chœur, avec l'autel du sacrifice au milieu, où le prêtre a seul accès. Dans le sillage du Christ, c'est l'église orthodoxe la plus sacralisée, avec son rideau de bois orné d'icônes, l'*iconostase* en travers de la nef qui creuse le mystère et sépare le fidèle d'un chœur à la lumière fumeuse d'encens. Et c'est le temple protestant, sans cloisons ni fragrances, où le pasteur se voit de partout et tout le temps, qui l'est le moins. À ces stratégies spatiales méditées correspond le dédale tactique de nos pénates. Dans un appartement bourgeois, il y a le vestibule en avant-poste, où s'arrête le facteur, l'office, où se tient l'employée de maison, le petit salon, où entrent les intimes, le grand salon et la salle à manger, pour les invités. Mais la chambre à coucher, ce huis clos où il s'en passe des vertes et des pas mûres, fait un sanctuaire dûment protégé. Par une antichambre et des portes, au bout d'un corridor. Nos dieux lares aussi jouent à cache-cache **[pl. 11]**.

Une métaphore. Que nous apprend-elle ?

Qu'il n'y a pas de sacralité sans pénalités. Alimentaire, vestimentaire et sexuel, l'interdit est consubstantiel à l'état religieux (voir le Coran et le *Lévitique* pour le détail des observances). Mais on le retrouve aussi bien, hors de toute obédience, dans la gestion et la protection réglementées des « abords » — du monument historique ou du site classé. Censures et interdits ne concernent pas que les grenouilles de bénitier. Quand les arbres de la liberté furent sacralisés par les jacobins, des lois furent adoptées par la Convention pour en punir l'abattage ou la mutilation. C'était en 1793. Aujourd'hui, dans notre pays de laïcité, ce ne sont plus les arbres mais les embryons humains qui sont sacralisés. Et l'Assemblée nationale, après des débats houleux, a adopté une loi maintenant l'interdiction de recherche et de transfert *post mortem*, que les députés catholiques n'ont pas été les seuls à voter. Le consacré ne se contente pas d'intimider : il inculpe. Dans nombre d'États américains, le cours sur la Shoah est obligatoire. Un exemple parmi d'autres des effets de sacralisation. Si mon comportement public ou privé manque de « fraternité », personne ne me traînera en correctionnelle. Si j'utilise un embryon à des fins commerciales ou industrielles ou si je procède à un recel ou à un transport de cadavre, j'aurai violé la loi, et pas seulement les bienséances. Le sacral est dur, la valeur molle. Celle-ci dit : faute; celui-là : délit. L'impératif, c'est nous qui en décidons, soit, mais, outre qu'il n'est pas dans notre tête par hasard, il est flanqué d'un code, non de bonne conduite mais civil et pénal, quand le respect d'une valeur morale est laissé à l'appréciation de chacun.

Une *chose* est *objet* de droit, une *personne* est *sujet* de droit. Le cadavre et le fœtus (deux mois après la conception) ne sont plus ou pas encore une personne (l'avortement n'est pas un homicide), mais ce ne sont pas non plus des choses. On peut discuter, entre médecins et théologiens, sur le point de savoir à quel moment commence le processus d'individuation (quatorze jours pour certains catholiques, quarante pour le juif et le musulman), mais, qu'on soit croyant ou athée, personne ne conteste qu'il y a dans cette petite chose vivante plus qu'un objet : un être potentiel qui ne se jette pas à la poubelle et passez muscade. Le plus vulnérable appelle une protection renforcée de par sa fragilité même.

«Asile sacré» : autre pléonasme. Dès qu'un lieu est sacralisé, il se gagne une immunité et devient un refuge, dont le gérant peut offrir l'asile à un pourchassé et interdire l'accès à ses poursuivants. L'enceinte protège de la fureur des temps. Pas de droit d'asile sans lignes et postes frontières. Et dans chaque État, les ambassades étrangères bénéficient traditionnellement d'un privilège d'*extraterritorialité*, leur permettant d'accueillir des personnes poursuivies pour raisons politiques et qui fait des locaux diplomatiques des enceintes elles aussi, à leur manière, sacrées. Ce statut d'exception a sauvé bien des vies (à Santiago du Chili par exemple, sous la dictature) à condition que le persécuté soit assez costaud, bien équipé ou malin pour sauter par-dessus le mur d'enceinte. Et l'on sait quel problème insoluble pose l'inviolabilité des mosquées aux dictateurs arabes, le vendredi (comme, à moindre degré, l'autonomie des universités, en principe inviolables par la police, aux régimes répressifs d'Amérique latine).

Clôtures et transcendances

Le Panthéon, Paris

Monastère copte, Égypte

Iconostase, Paris

Entrée royale, Versailles

La chambre du roi

Pour sûr, l'inviolable peut toujours être violé, comme le furent ces églises théâtres de tueries au Moyen Âge et à la Renaissance ; ou les universités envahies aujourd'hui par les forces de l'ordre. Plus respectées sont les ambassades, immunité diplomatique et conventions de Vienne obligent. Quand un chef de poste accepte de livrer des réfugiés auxquels il a donné asile, comme à l'ambassade de France à Phnom Penh en 1975, c'est une tache de honte dans l'histoire d'un pays, qui n'est pas sans rappeler la livraison des réfugiés antifascistes par Vichy aux assassins nazis. Ces actes sacrilèges, on se hâte, après coup, d'en gommer le souvenir. Et quand la division *Das Reich*, en 1944, a brûlé vifs les six cent quarante-trois habitants d'Oradour-sur-Glane **[<]** en les enfermant dans leur église, elle a mis un comble au sacrilège, et fait de ce village, comme celui de Lidice en Tchécoslovaquie, un lieu non seulement de mémoire, mais de pèlerinage.

Inaliénable

Un bien de salut n'est pas un bien meuble ou immeuble comme un autre : il est retiré du commerce. C'est un bien de mainmorte, inaliénable et incessible. Comme un *nous* est plus qu'une addition de *moi-je*, une terre sainte est plus qu'une addition de parcelles individuelles. Elle est dite en Israël « propriété inaliénable du peuple juif ». Comme une parcelle *waqf* (ou *habou*, en Afrique du Nord) appartient à la communauté des musulmans. L'usage ou l'usufruit peut en être concédé à tel ou tel, mais ceux-ci ne peuvent en disposer. Dix kilos de pierres de la Kaaba ne s'échangent pas contre dix kilos de pierres du « Mur des lamentations », ni un hectare d'Arabie saoudite contre un hectare de Judée-Samarie. Des sommes colossales ont été de tout temps investies dans la construction des sanctuaires (du Temple de Jérusalem à la basilique de Yamoussoukro, en passant par Saint-Pierre de Rome), et la course à la magnificence continue de plus belle. Un lieu sacré peut drainer des dons et des richesses mais les marchands du Temple ne sont pas dans le saint des saints et les boutiques de bondieuseries à Lourdes, même le 15 août, s'arrêtent à l'entrée de la grotte. L'urne est un objet marchand, en libre circulation, mais non les cendres qu'elle contient, qui ont encore droit au « respect dû au corps humain ». Il est donc interdit (depuis 2008) de conserver une urne dans des espaces privés, sous la table de la salle à manger ou en bijou autour du cou. C'est non pas l'intouchable qui fait critère mais la mise hors marché. Les hosties s'achètent dans le commerce mais une hostie consacrée n'a plus de prix. Et un objet sacré abîmé ou usagé, comme un *talith* (châle de prière à franges) **[>]** ou des *mezouzot* (étuis sur la porte), ne peut se revendre : il doit s'enterrer comme un être vivant passé à trépas. Cela déconcerte plus d'un réaliste,

>

aujourd'hui, comme tout ce qui échappe aux lois de l'échange ou du profit. Quand on n'a plus que du chiffre en tête, le seul fait qu'un permis de construire soit annulé au motif que l'immeuble de rapport litigieux se situe dans le champ de visibilité d'un monument historique relève du dérangement mental. Tout ne peut-il donc pas s'acheter ?

Autre métaphore. Que nous apprend-elle ?

À relire, une historiette inaugurale. Simon le Magicien offrit un jour aux apôtres Pierre et Paul une somme d'argent pour obtenir le pouvoir de communiquer avec l'Esprit-Saint (Actes, VIII, 19). D'où le nom de *simoniaque* donné au prêtre trafiquant qui a bien droit à l'existence, comme le conservateur indélicat, l'officier lâche ou le juge corrompu, mais non à l'impunité. Le droit canon interdit d'acheter ou de vendre « à prix temporel une chose intrinsèquement spirituelle », et des saintes reliques ne peuvent être aliénées, ni transférées sans une permission expresse du Saint-Siège. De même une œuvre répertoriée dans les collections publiques d'un musée ou les fonds de la Bibliothèque nationale ne peut en sortir moyennant finance. Le prêt temporaire est possible, comme l'échange avec une institution du même type, mais à titre gracieux (paiement fait des assurances). Pour s'en séparer définitivement, il faut la décision d'une commission de déclassement, l'équivalent laïque d'une déconsécration. Cela fait d'un objet inscrit au registre d'une institution patrimoniale « la version immanente et laïcisée de l'objet sacré » (Pierre Nora). La France républicaine s'est dotée d'une législation très singulière à ce sujet, stipulant le caractère indivis et inaliénable des collections publiques, mais ce souci, plus marqué qu'ailleurs, ne lui est pas propre : il y eut un tollé en Chine quand fut connu le projet d'une maison d'enchère pékinoise de mettre en vente le portrait ayant servi de modèle à l'icône de Mao **[<]** au-dessus de la porte de la Paix céleste.

<

On peut tirer des revenus d'un bien patrimonial, et même s'amuser à en faire une valorisation comptable, comme l'économiste français qui a calculé ce qu'aurait pu rapporter l'emplacement de Notre-Dame de Paris si on l'avait transformé en parking (l'entrée est gratuite dans la cathédrale). Et le banquier rêve d'enrôler l'Acropole et le théâtre d'Épidaure dans les actifs de la Grèce. Les agences de voyage font leur recette avec le *hadj* (au moins 3 000 euros l'aller-retour), et le pèlerinage à La Mecque est un *business*, mais la Kaaba **[>]** n'a pas de prix. *La Joconde* non plus. Elle peut bien rapporter autant à la RMN (Réunion des musées nationaux) que la Vierge de Lourdes au diocèse, ces deux institutions ne sauraient en disposer. Ni convoquer des commissaires-priseurs pour décrocher un prix plancher. Trésor national est le nom de ce qui n'est pas monnayable. Le jour où *La Joconde* sera mise aux enchères à Drouot ou chez Sotheby's, ce jour-là, il y aura peut-être une France SARL mais plus de République française.

>

Sans doute, comme bien symbolique universel, *La Joconde* n'appartient-elle pas aux seuls Français, même si la personne morale France en est le propriétaire légal. Le propriétaire d'un bien patrimonial inscrit ou classé n'en est jamais le titulaire en dernière instance. Comme le trésor royal n'appartenait pas au roi, pas plus que celui des objets liturgiques à l'évêque, un fonds à son conservateur, ou la Sorbonne aux présidents de Paris-IV. C'est logique : ce qui transforme un conglomérat en communauté est indivis et ne saurait appartenir à un seul.

Et notre corps non plus n'est pas un actif. Il ne fait pas partie de notre patrimoine. On ne peut vendre son foie, son ovocyte ou son sang. Seuls les *dons* d'organes entre vivants sont autorisés, comme le don d'embryon d'un couple à un autre doit être anonyme et gratuit (sous peine de sept ans de prison et une grosse amende, loi du 29 juillet 1994). Le corps humain doit sa non-patrimonialité à sa sacralité. Nous pouvons décider, bien qu'il ne nous appartienne pas, qu'il pourra faire l'objet de prélèvements après notre mort (loi Caillavet de 1976), mais il reste en principe hors commerce. D'autres pays, comme la Chine et l'Inde, admettent les transactions financières et vont jusqu'à les officialiser (ils mettent leur sacralité ailleurs que dans le corps humain : dans la vache, le Coran ou l'ancêtre). Pour l'islam un mort est plus sacré qu'un vivant, et un prélèvement d'organes ne peut s'effectuer, comme chez nous, sur une personne en état de mort cérébrale.

Avec l'avion, le cargo et Internet, sans doute est-il de plus en plus facile de tourner nos interdits juridiques. On ne peut pas empêcher un homme riche d'aller s'acheter un rein dans un pays du Sud — ni une femme pauvre du Sud de venir vendre le sien dans un pays du Nord. Le billet d'avion sera payé par l'acheteur. Le trafic d'organes passe à travers les mailles, d'où l'étrange situation d'une Europe forteresse qui refuse d'accueillir les immigrés du Sud, sauf en pièces détachées.

Les escarmouches de l'Unesco, chargée des sacralités séculières, contre l'OMC, chargée d'un marché bien circulant, relèvent-elles du baroud d'honneur ? Il est certain que les exceptions dites culturelles se voient battues en brèche (les États-Unis et Israël n'ont pas signé les accords sur la protection de ce patrimoine mondial), mais ce serait, nous semble-t-il, jeter le manche après la cognée que d'estimer n'importe quel sacré soluble dans le marché.

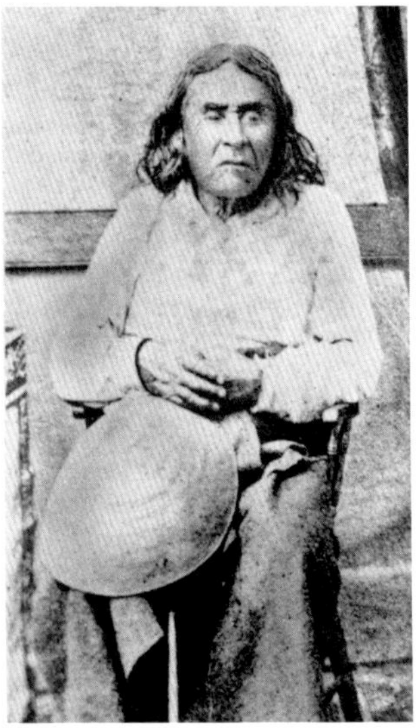

Mais peut-on acheter ou vendre le ciel, la chaleur de la terre ? Étrange idée pour nous ! Si nous ne sommes pas propriétaires de la fraîcheur de l'air, ni du miroitement de l'eau, comment pouvez-vous nous l'acheter ? Le moindre recoin de cette terre est sacré pour mon peuple. Chaque aiguille de pin luisante, chaque grève sablonneuse, chaque écharpe de brume dans le bois noir, chaque clairière, le bourdonnement des insectes, tout cela est sacré dans la mémoire et la vie de mon peuple. La sève qui coule dans les arbres porte les souvenirs de l'homme rouge. Les morts des hommes blancs, lorsqu'ils se promènent au milieu des étoiles, oublient leur terre natale. Nos morts n'oublient jamais la beauté de cette terre, car elle est la mère de l'homme rouge ; nous faisons partie de cette terre, comme elle fait partie de nous.

<

Chef Sealth, dit Seattle [<], « Discours de 1854 », in *Vers un développement solidaire*, Lausanne, 1976.

Prospectif

Abbaye de Westminster, ossuaire de Douaumont, ou Maison des esclaves : l'endroit où vient, à travers ses porte-parole, se recueillir une nation, une génération ou une classe ne mobilise pas seulement l'art d'accommoder les restes (en latin, *reliquiae*). Ces lieux sont, tant qu'ils gardent leur charge magnétique, des salles d'attente. On doit les dire, ces prytanées, de promission autant que de nostalgie, où un déjà-là annonce un pas-encore. Où le futur du passé compte plus que le passé; où le devoir de mémoire s'efface sous la mémoire d'un devoir à accomplir, d'une dérive à corriger, d'une route à poursuivre. « On reviendra! Comptez sur nous! » La sonnerie aux morts (ou à un mort qui en représente des millions d'autres, tel notre Soldat inconnu) recouvre un vœu de reprise : second retour du Christ pour l'ouverture du millenium, réapparition du douzième imam caché, renouveau d'une indépendance nationale sous le boisseau, dont on ira traquer le fantôme à La Boisserie. Pourquoi se regroupe-t-on place de la Bastille, autour de la colonne de Juillet, érigée sur les restes des sacrifiés de 1792 et 1830, sinon pour signifier qu'il y a encore des bastilles à prendre? Pourquoi jadis au Père-Lachaise des poings levés, sinon pour en appeler à un nouveau « temps des cerises »? Pourquoi d'anciens résistants vont-ils lire un manifeste sur le plateau des Glières **[>]** et non ailleurs, sinon pour réparer une profanation présidentielle et en appeler à une Résistance *bis* (la même chose autrement)? Pourquoi se rend-on à Auschwitz ou à Gorée, sinon pour un « plus jamais ça »? La balle est à *relancer.* Parce que l'entreprise d'hier est inachevée, comme l'humanité elle-même. C'est cette soif d'avenir qui distingue le pèlerin du touriste. Le second a le nez dans son *Guide Bleu* et l'appareil photo à la main; le premier,

>

le nez dans son missel ou son « Petit Livre rouge », les mains jointes ou le poing tendu. Il revient sur les traces du Crucifié pour demain faire triompher l'amour universel ; à la maison de Caluire, où Jean Moulin [<] fut capturé pour qu'il n'y ait plus jamais de Barbie ; ou sur les plages du débarquement en Normandie — « pour que nos enfants grandissent enfin en paix ». L'endroit est récupéré par « le tourisme de mémoire » dès que le glas cesse de sonner le tocsin et que la protestation indignée tourne à la commémoration préfectorale.

Il y a, il est vrai, un stade intermédiaire. Entre le dévot et le flâneur, le simple civisme dédie à un trauma passé un *mémorial* ou un *historial*, musée sans objets, telle une veilleuse de la mémoire. Lincoln Memorial à Washington, mais aussi mémorial de la Shoah à Paris, de Caen pour la Seconde Guerre mondiale, historial de Péronne pour la Première : au-delà du musée, en deçà du sanctuaire. À mi-chemin du militant et du documentaire, on y édifie en même temps qu'on instruit. Dus à des initiatives politiques et non proprement culturelles, ces temples-écoles admettent en France le sermon mais dispensent du serment : à Caen, le mannequin du SS en uniforme, dans son décor sinon dans son jus, engage à n'y jamais revenir. Le parcours d'un tel mémorial est destiné à mettre en garde autant qu'à remémorer, avec l'espoir que les « scolaires » ressortiront du parcours en adversaires avertis du mal totalitaire.

Une leçon de choses. Que nous apprend-elle ?

Que le souvenir sert de combustible à l'espoir, lequel fonctionne au rétroviseur. Contrairement à l'idée reçue, l'esprit futuriste est d'humeur antiquaire ; et la tombe de Karl Marx plus fleurie que celle d'Adam Smith. Friandes d'affiliations symboliques (Guevara ou Zapata), anxieuses de renouer le fil, pour la prochaine fois ne plus rater le coche, la gauche et plus encore l'extrême gauche sont douées pour le culte des ancêtres (à la source de toutes les religions), plus enclines à la statue et au chromo que le conservateur libéral, frétillant de modernité. Première exhibition du président élu Giscard d'Estaing : descendre à pied les Champs-Élysées, d'une foulée alerte et souple, pour désacraliser la fonction. Première exhibition du président élu Mitterrand : pèleriner sous la voûte du Panthéon, raide et solennel, une rose à la main, pour la resacraliser. Ultime sursaut d'une tradition séculaire obérée par le stéréotype célinien du braillard débraillé, sanguin et impulsif : « l'agité du bocal » est un cliché. Depuis deux siècles qu'il y a du branle dans le manche, les non-conformistes qui joignent l'acte à la parole commencent par s'attarder sur le révolu, en écumeurs de greniers et dévoreurs de vieux bouquins. Feudiste (Gracchus Babeuf), gardien de nécropole (Michelet) ou conservateur de bibliothèque (le jeune Mao). Le rétrograde avancé qui s'en va quêter l'inspiration auprès des tombes ou des bouquinistes, nul ne l'a mieux évoqué que l'historien Michelet **[>]** lui-même, le chantre de la Révolution française, « chef de la section historique aux Archives du royaume », héraut du millenium laïque et nécromant exemplaire.

\>

Pour moi, lorsque j'entrai pour la première fois dans ces catacombes manuscrites, dans cette nécropole des monuments nationaux, j'aurais dit volontiers, comme cet Allemand entrant au monastère de Saint-Vannes : Voici l'habitation que j'ai choisie et mon repos aux siècles des siècles !
Toutefois je ne tardai pas à m'apercevoir dans le silence apparent de ces galeries qu'il y avait un mouvement, un murmure qui n'était pas de la mort. Ces papiers, ces parchemins laissés là depuis longtemps ne demandaient pas mieux que de revenir au jour. Ces papiers, ce ne sont pas des papiers, mais des vies d'hommes, de provinces, de peuples. [...]
Doucement, messieurs les morts, procédons par ordre, s'il vous plaît. Tous vous avez droit sur l'histoire. [...]
Et à mesure que je soufflais sur leur poussière, je les voyais se soulever.

Jules Michelet, *Histoire de France*, t. II, 1833.

Jurer fidélité sur le cercueil du chef de file, prendre la tête du cortège, tenir le cordon du poêle, c'est la tactique obligée du candidat à la succession. Ce qui distingue le *site classé* — château de la Loire ou pont du Gard — du *site sacré* — que ce soit le mémorial du *World Trade Center*, avec ses deux bassins vides symbolisant l'absence et les objets-reliques des trois mille disparus **[pl. 12]**, ou le mont Valérien aux mille trois fusillés (avec sa crypte de dix-sept caveaux en arc de cercle), c'est le *ci-gît*. La présence sous-jacente d'un reste organique — fût-ce une mèche de cheveux ou un bout de peau. La trace plus que le symbole suggère la présence (les rois mérovingiens glissaient sous leur sceau un ongle ou un cheveu pour authentifier et renforcer l'autorité d'une missive). « Objets inanimés, avez-vous donc une âme ? » C'est selon, mais la canne et le chapeau en auront toujours moins qu'un métacarpe ou un orteil. Ou, à défaut, un masque de cire ou de plâtre, un autographe, une photo, mieux qu'un portrait ou un imprimé. Au musée, où il n'y a que des œuvres, une facétie est possible (Jeff Koons à Versailles ; Yann Fabre au Louvre) ; dans la crypte, où une trace monte la garde, une liturgie est nécessaire.

« Nous vaincrons parce que nous sommes la mort » — faisait dire Michelet à ses archives vénérées. Le cadavre — archive précaire mais fourniture assurée — n'est cependant pas à lui seul une garantie. C'est la condition nécessaire mais non suffisante d'un passage en première classe.

Le Père-Lachaise, la vieille capitale des morts parisiens, construit sur un ancien domaine des jésuites, le Mont-Louis, est-il encore un lieu sacré ? Depuis sa création en 1804 sur les plans de l'architecte Brongniart (l'auteur de la Bourse), les vivants y déambulent le long des allées ombragées dans un déballez-moi ça d'amphores, de pyramides, de palmes et de cippes. « Cette nécropole en amphithéâtre d'une époque sans Dieu », au dire de Michelet, qui aimait y rêver, répondit à la volonté de séparer les morts des vivants en les déplaçant hors de l'enceinte

Naissance d'un lieu sacré : le « 9/11 Memorial » >

Jeffrey G. Goldflam

urbaine — le sol d'un vieux Paris gorgé d'ossements ne pouvant plus en consommer de nouveaux et les Parisiens ne supportant plus la compagnie par trop médiévale et puante de ces intercesseurs en sommeil. Mais bien que beaucoup de signes propitiatoires soient là réunis : courbes de niveau, enceinte extérieure, ossements, cérémonies, absence de commerces, récréations et restauration, les visiteurs s'y promènent comme dans un musée — ce qu'est effectivement ce jardin du souvenir pour la sculpture et l'architecture funéraires du XIXe siècle. Ce capharnaüm de tombes à l'égyptienne, de sarcophages romains ou simili-étrusques, de caveaux néogothiques, de saules romantiques expose à ciel ouvert l'imaginaire d'une époque où le bourgeois cossu cherchait encore à se loger *ad sanctos*, auprès des illustres de sa paroisse. De jeunes femmes inféconde viennent aujourd'hui y caresser le pantalon gonflé au bon endroit d'un Victor Noir en bronze — vieux culte magique de la fertilité —, et quelques égrillards du troisième âge se penchent avec envie sur un gisant emballé dans un drapeau et encadré d'un bandeau épiscopal, le président Félix Faure tombé au champ d'amour, à l'Élysée, dans les bras de sa « connaissance » — à tout péché miséricorde **[pl. 13]**. Non que l'on ne puisse trouver sur cette colline des lieux de culte proprement dits, mais ils sont assez rares : parmi eux, Jim Morrison (qui eut longtemps besoin d'un vigile placé en permanence devant la sépulture pour la protéger des fans venus du monde entier), Édith Piaf, et Oscar Wilde, dont la sépulture néoaztèque est recouverte de graffitis érotiques et de rouge à lèvres. Entouré de jeunes musiciens amateurs, le chanteur des *Doors* est à deux pas d'Auguste Comte et du carré positiviste, là où dorment dans un silencieux désert les adeptes de la religion de l'humanité, la plus perspicace de toutes, autant dire la plus rébarbative. Si un être humain peut se déclarer mort si et seulement si sa tombe n'est plus entretenue, le certificat de décès d'Auguste Comte, malgré la sollicitude de ses disciples brésiliens, peut être enfin délivré. L'humanité, qu'il a si bien définie comme « l'ensemble continu des êtres convergents », fait fête au rocker et grise mine à son philosophe. Voilà aussi une leçon de choses.

Mais consolons-nous : Marcel Proust [>] est bien vivant, constellé de glaïeuls et de petits cailloux.

Si Maurice Thorez a moins de visites qu'Édith Piaf, le carré de la Sainte Famille communiste est, lui, bien entretenu (il reste un Parti). Comme le sont rosiers et pelouses autour des cénotaphes dédiés à Buchenwald, à Ravensbrück, à « tous les Espagnols morts pour la liberté (1939-1945) », et, un peu plus haut, sur la colline, aux camps d'extermination (qui s'étaient, au lendemain de la guerre et avant la mise à part sacralisante de la Shoah, spontanément regroupés auprès des symboles les plus parlants du mouvement ouvrier). Face aux sépultures des Jean-Baptiste Clément, l'auteur du *Temps des cerises*, des Lafargue, Longuet et Benoît Malon, le mur des Fédérés, « le mur sacré où notre armée révolutionnaire va se recueillir comme dans un temple » (Barbusse en 1922), contre lequel furent abattus les derniers combattants de la « semaine sanglante » (21-27 mai 1871), quoique érigé sur un charnier, est-il encore un lieu sacré ? Il en a l'apparence, grâce aux soins de la Ville de Paris, et le parterre de bégonias à sa base est impeccable. Mais il y a déjà trente ans que la gauche libérale l'a rayé de son agenda et les bouquets se raréfient. La maçonnerie reste en place, le cœur n'y est plus[1].

>

N'allons pas, au vu de cette désertion, médire du monument aux morts des trente-six mille communes de France. C'est le seul endroit où se regroupent une fois l'an scolaires, notables et badauds. Ultime salut, moins au drapeau qu'à la sépulture, creuset d'humanité. Celle-ci pourra fêter sa propre fin le jour où nos restes iront dans la minute à la décharge, et les fœtus à la poubelle. Les animaux communiquent fort bien entre eux par toutes sortes de signaux mais ne transmettent pas à leurs petits quoi que ce soit de l'aïeul. Signe d'affiliation à un passé et d'appropriation d'un espace, le *ci-gît* nous met hors d'eau, et sur nos gardes. « Qu'y a-t-il de sacré pour vous, qu'êtes-vous prêt à défendre au

1. On y trouvait dernièrement (juin 2011), à côté d'une reproduction malhabile du *Dos de Mayo* de Goya, une pancarte plantée dans la pelouse avec ces mots : « 1808/1871/2011 : la lutte pour la liberté est toujours d'actualité. » Comme il y a des reprises individuelles, il y a des resacralisations méritoires mais artisanales.

Éros et Thanatos au Père-Lachaise

« Aux morts », A. Bartholomé, 1899

Victor Noir

Jim Morrison

Oscar Wilde

péril de votre vie? — Ma famille et ma terre, répond un Chinois hypermoderne, confucianiste affairé durant la semaine et taoïste le week-end, à la campagne. Ma terre est sacrée parce que mes ancêtres y sont inhumés. En la défendant, c'est eux que je défendrais.»

L'escamotage du trépas à l'hôpital, l'expéditif des obsèques, la montée de la crémation (vœu de la moitié des Français, apparemment peu soucieux de leur empreinte carbone), grande fabrique de non-lieux dès lors que l'on jette les cendres au vent ou dans la mer au lieu de les enfouir au bas d'un arbre ou d'un rosier, pourraient nous inspirer quelque inquiétude, si l'avenir immédiat de notre carcasse n'était légalement garanti. Le cadavre **[<]** fait partie de ces choses qui, sans être des personnes, sont encore un peu plus que des choses. Il a son honneur. Il a droit à des égards. La loi stipule que les «atteintes à son intégrité» sont assimilables aux atteintes «à la dignité de la personne» (Code pénal, livre II, section IV, «Des atteintes au respect dû aux morts»). L'article 225-17 de l'ancien Code pénal punissait d'un an d'emprisonnement et de 100000 francs d'amende tout atteinte à l'intégrité du cadavre par quelque moyen que ce soit, ainsi que la violation et la profanation de tombeaux, sépultures ou monuments édifiés à la mémoire d'un macchabée. L'article 225-18 porte les peines à trois ans d'emprisonnement en cas d'atteinte à l'intégrité du cadavre commise «à raison de l'appartenance ou de la non-appartenance, vraie ou supposée, des personnes décédées à une ethnie, une nation, une race ou une religion déterminées». Ne doit-on pas se réjouir, si la dignité humaine réside dans l'unicité de la personne, qu'il soit toujours interdit de placer deux cadavres dans un même cercueil (à moins qu'il ne s'agisse de jumeaux mort-nés) **[pl. 14]**?

<
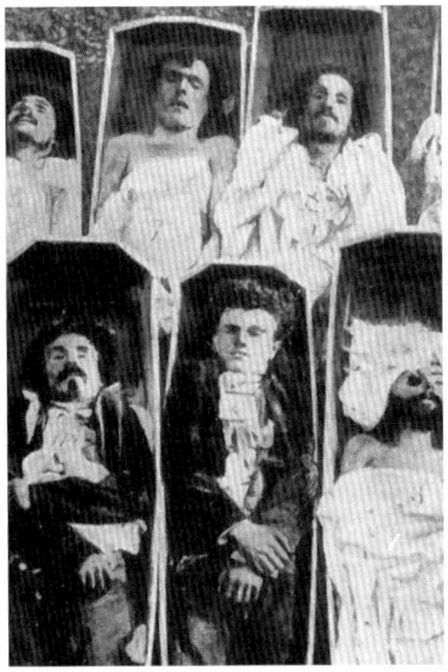

Tant qu'on ne trouvera pas de charogne humaine à la déchetterie, disons habituellement (compte non tenu des cas de force majeure, départ en vacances, assassinat inopiné ou devis excessif des pompes funèbres), il sera licite de soutenir, quoi que l'on pense par ailleurs, que le *sapiens sapiens* n'a pas encore jeté l'éponge.

Règlements et punitions

Criminogène

Enfants de chœur s'abstenir. Voyages de noces déconseillés. Estivants aussi. La casemate névralgique est à haute tension, et en général sous haute surveillance. Le taux d'homicide, dedans ou alentour, est plus élevé qu'ailleurs. « Déminage du site du baptême du Christ », titre un journal : « Depuis deux mois, les autorités israéliennes s'attellent à déminer l'un des sites supposés du baptême de Jésus appelé Qasr El-Yahud, à quelques kilomètres de Jéricho[1]. » Terre sainte, terre minée.

Exemple archiconnu que ce maximum de lieux sacrés pour un minimum de superficie. Salon non-stop du fil de fer barbelé, des chevaux de frise et du mirador. Horions entre moines latins et orthodoxes au Saint-Sépulcre ; tombeau de Rachel devenu blockhaus ; attentats et régicide à al-Aqsa, etc. Inutile de revenir sur ce chaudron de transes et de délires, qui tourne en ridicule notre *peace and love* et que nos pieux dialogues interreligieux évitent soigneusement. Rien de moins œcuménique que ces quelques hectares où se chevauchent les trois religions sœurs.

Peu d'exceptions à l'incandescence autour des caveaux de famille et des donjons identitaires, avant qu'ils ne refroidissent en musées. Des querelles juridiques de préséance peuvent à tout instant tourner à l'affrontement direct. Duels d'artillerie autour du temple de Preach Vikear **[<]**, chef-d'œuvre en grès de l'art khmer du XIe siècle, précédé d'une chaussée en escalier, à la frontière du Cambodge et de la Thaïlande (lequel pays a dénoncé de ce fait la Convention du patrimoine mondial). Bain de sang en Inde dans la ville sacrée d'Ayodhya, en 1992, quand les pèlerins hindous vinrent détruire la mosquée construite par l'em-

1. *La Croix*, mercredi 25 mai 2011.

pereur Babur sur l'emplacement où avait été jadis instauré un culte au dieu Ram (plusieurs milliers de morts). Bataille diplomatique entre l'Italie et l'Éthiopie autour de l'« obélisque sacré » d'Aksoum, dans le Tigré, volé par les envahisseurs fascistes en 1937, érigé au centre de Rome par Mussolini (à l'instar des obélisques égyptiens rapportés par les empereurs romains) et finalement restitué à grands frais, en 2005, à la capitale de la reine de Saba, en symbole de l'identité et de la souveraineté éthiopiennes. Tension autour des monastères tibétains, foyers de résistance. Nos églises fortifiées dans les provinces frontières, nos clochers-donjons, nos vieilles cités épiscopales à remparts (ou encore, au pied du Sinaï, la redoute monastique de Sainte-Catherine **[>]**, avec ses meurtrières et ses tours d'angle) témoignent que notre passé est à la hauteur, sans oublier le présent. Faut-il rappeler notre « carmel de la colère » ? Les manifestations soulevées par ce lieu de vie contemplative aménagé par les carmélites polonaises aux abords immédiats du camp d'Auschwitz ? Était-ce dehors ou dedans l'enceinte ? Les communautés juives disaient dedans, les Polonais, dehors. Le Saint-Siège a dû négocier (1989). Pensons aux bruits de botte entre la Russie et les pays Baltes, pour une statue déboulonnée ou un monument aux morts déplacé **[pl.15]**...

\>

De quoi ces affrontements sont-ils le nom ?

De ce qu'un signe rassurant d'appartenance en cache un autre, inquiétant, d'exclusion. C'est pourquoi une zone tampon, neutralisée ou *no man's land*, est toujours bienvenue autour d'un site emblématique. Analogue au périmètre de protection de 500 mètres, et de 100 mètres sur le littoral (« à compter de la limite haute du rivage »), stipulé par notre code de l'urbanisme autour des lieux classés. Ou au périmètre de 2 mètres autour de chaque arbre imposé par nos règlements de voirie. Ce qui atteste fièrement l'existence d'un *nous* se paye d'une hostilité envers *eux*. Les hindous vénèrent la vache, les musulmans la mangent. *Gaumata*, la mère nourricière, donneuse de vie par son lait, est « l'image et l'abri de l'Inde fondamentale », et son abattage est encore aujourd'hui

Lieux de **discorde**

Saint-Sépulcre (Jérusalem)

Ayodhya (Inde)

Esplanade des Mosquées (Jérusalem)

Lhassa (Tibet)

Tallinn (Estonie)

interdit par l'article 48 de la Constitution. La lutte d'indépendance indienne a commencé vers 1880 avec « les sociétés pour la protection de la vache », cause pour laquelle un hindou authentique était censé devoir donner sa vie. Mais l'archétype qui a soudé les hindous contre les Britanniques s'est converti *ipso facto* en machine de guerre contre les musulmans. Et plus la vache sacrée **[<]** a été brandie en symbole national, plus se sont durcies les frontières entre les deux communautés. Le divin quadrupède portait dans ses flancs la sanguinaire naissance du Pakistan, le pays des purs. Aujourd'hui encore, l'implantation d'un McDonald's, qui vend de la viande de bœuf devant un temple hindou, suscite une émeute. Pas de marqueur communautaire qui n'ait pour envers une marque d'opposition, involontaire ou autoritaire. En Égypte, où la langue arabe est tenue pour sacrée de par son origine divine, les professeurs coptes ne sont pas autorisés à l'enseigner.

Le point d'ancrage d'une diaspora n'est pas fleur bleue et encore moins partageux. Sauf en Chine, où Lao-tseu, Bouddha et Confucius peuvent voisiner paisiblement dans un même lieu, en général, il répugne à la double allégeance. Ainsi du tombeau des Patriarches, à Hébron, devenu celui de la fraternité abrahamique. Massacre de juifs par des musulmans en 1929. Massacre de musulmans par un colon juif en 1994. C'est le drame de cette Terre promise que les lieux sacrés des juifs le soient aussi pour les musulmans. Mais le drame se noue partout où une indivision territoriale déclenche une demande de séparation, rapatriement pour les uns, annexion pour les autres. Là, le sang a coulé et coulera, avec ou sans double entrée et présence alentour d'observateurs internationaux (comme à Hébron). Avec, de surcroît, la spirale des sacrifices consentis. L'amputation sacralise notre Alsace-Lorraine (1870-1914) et fait obligation aux héritiers de verser leur sang pour la récupérer (1914-1918). Qui sacralise homme, vache ou couvée prépare, à son insu ou non, une montée aux extrêmes.

En haut de l'échelle, la boucherie. Plus bas, un chahut. Le simple projet d'ériger au centre de Nice, en 2010, une statue du général de

Gaulle, catalyseur s'il en est de l'unité nationale et sacralisé à ce titre, divise la ville et soulève un tollé. « Cette statue nous offense », a lancé une association de rapatriés d'Algérie. Consécration = exécration. Branle-bas de combat… électoral.

À ignorer la dimension sacrée de l'existence, l'homme signerait sa perte ? On peut le soutenir. À condition d'ajouter : et s'il veut l'assumer, qu'il se tanne la peau et range ses pensées en ordre de bataille, car l'air sentira bientôt la poudre.

Courage donc, amis, c'est une saincte guerre
De mourir pour son prince et défendre sa terre,
De garder sa maison, sa femme et ses enfans,
Par un petit de sang qui nous rend triomphans !
Immortels en mourant, ne craignez de respandre
La vie qu'on ne peut en plus beau lieu despendre
Que lors qu'on la respand pour sa terre et pour soy,
Au milieu des combats, devant les yeux du Roy !

Ronsard, *Exhortation au camp du roy Henri II pour bien combattre le jour de la bataille*, A. Wechtel, 1558.

Souhaitons bon courage, en Terre sainte, aux realpoliticiens qui s'évertuent (à bon escient) à substituer aux paroles sacrées de la Bible et du Coran les acquis du droit des gens. « Cela, pour nous, n'est pas négociable », entendent-ils de part et d'autre : sur ce fatal *non possumus* vient buter juste avant la ligne d'arrivée une négociation que l'on croyait bien engagée. Et c'est sur la « question de Jérusalem » — que les diplomates occidentaux, imprudemment, continuent de vouloir contourner à chaque *round* de leurs négociations postiches — que les « accords de paix » israélo-palestiniens achoppent à la dernière minute. Le sacralisé est irrédentiste et jusqu'au-boutiste. Où que ce soit. Intouchable et invisible jusqu'en 1945, le dieu vivant Hirohito n'a pas seulement couvert le crime contre l'humanité, le kamikaze et le fanatisme dément de son armée de terre. Les civils d'Hiroshima ont cher payé l'inconditionnalité de cette allégeance hypnotique, pour ne pas parler des jeunes filles d'Okinawa, qui, pour ne pas tomber aux mains de l'ennemi, se jetaient du haut d'une falaise en lançant aux soldats nippons réfugiés avec elles dans les grottes : « Suicidons-nous ensemble ! » *Thanatos* rôde dans les parages de l'Absolu.

Des cas pathologiques ? Ce sont, oui, des situations limites, du sacral à l'état d'ébullition. Sauf que la différence entre l'individu coulant ses jours « dans le silence de ses organes » et le même auquel une angine fait changer ses allures de vie n'est pas de nature mais de degré. C'est du même organisme qu'il s'agit. N'en concluons pas que tout citoyen qui place quelque emblème ou mission au-dessus de sa petite caboche est un kamikaze en permission ou un messianique assassin d'enfants. Certainement pas. La maladie a néanmoins le mérite de nous faire saisir à quelle norme obéit l'individu en bonne santé. Le sacré le plus paisible est normalement fédérateur et séparatiste, l'un *parce que* l'autre. Pas de bouc émissaire : se poser en s'opposant est le propre de toute personnalité collective, qui se construit en contre. Ne plus s'opposer à rien ni à personne, c'est mettre un pied dans la tombe. Le second suit assez vite. Voir l'Empire romain d'Occident au IVe siècle. On attend le verdict pour l'Union européenne au XXIe.

*

On pourrait conclure cette rapide tournée d'inspection par une recette expéditive. Prenez un lieu de mémoire sans mémoire, placez-y un fémur en sous-sol, une barrière métallique en surface et, là-devant, une petite chorégraphie et cette baguette magique en fera sur-le-champ un lieu habité. La pierre tombale, la balustrade, des courbettes à date fixe, voilà une affaire simple et toute d'exécution. Mais las, l'ameublement ne fait pas une âme, laquelle ne se décrète pas comme un jour férié. De même que l'on ne fait pas, si l'on tient à la qualité, un homme, un roman ou un air de musique, mais qu'ils *se* font, un lieu auquel des hommes se lient d'émotion fleurit comme un nénuphar entre deux roseaux, cristallise comme l'amour stendhalien ou le rameau dans une mine de sel. Et non par arrêté municipal ou par un vote en commission. Quand un sanctuaire s'édifie sur ordre du gouvernement, la ferveur ne dure que le temps d'une éphéméride — ainsi des temples de la déesse Raison robespierriste ou du mausolée franquiste du Valle de los Caídos **[>]**. Aucune convocation ne peut inventer une foi durable, mais une foi se débrouillera toujours pour se donner un rendez-vous annuel. C'est la rencontre entre un sentiment d'en bas et un intérêt d'en haut qui fait éclore sur la carte un point de confluence plus aimanté que d'autres.

\>

Il existe en Catalogne, au sud des Pyrénées, non loin de la frontière française, un « espace de mémoire » consacré aux souvenirs de la guerre civile et aux luttes pour la liberté (1931-1980). C'est un réseau de sites et de chemins dispersés, évoquant les itinéraires de retraite des soldats républicains, les points de résistance, les champs d'aviation, les lieux de bombardement, les refuges. Un endroit encaissé s'en détache, avec plus de relief affectif que les autres (et notamment que les *musées de l'exil* des environs) : le petit cimetière de Port-Bou, où fut enterré à la sauvette, deux jours après son suicide, le 28 septembre 1940, sous le nom de Benjamin (prénom) Walter (nom de famille) — personne ne sachant de qui il s'agissait, « le vieux Walter Benjamin », qui n'avait que 48 ans. S'est édifié là, en 1990, un mémorial à cet intellectuel juif allemand imaginé par le sculpteur israélien Dani Karavan, financé à la fois par deux Länder allemands et la généralité de Catalogne. Le président de la République fédérale, accompagné de l'ambassadeur d'Israël, est venu s'incliner devant ce mémorial en 1992. Il s'agit d'un tube à section carrée en acier Corten couleur rouille intitulé *Passage*, avec un escalier en oblique dévalant la pente, à double orientation, de la mer vers le ciel et l'inverse. Il y eut donc au départ de cette construction, allusive et peu spectaculaire, une décision diplomatique, répondant aux intérêts de la

réconciliation israélo-allemande. S'il n'y avait eu que cela, on en serait resté à la plaque commémorative. Qu'a-t-il fallu de plus pour qu'apparaisse une source d'inspiration au bord de la mer? Une sépulture, ou sa trace (les restes de l'écrivain du *Livre des passages* ont été déposés à la fosse commune cinq ans après son inhumation dans la niche 563, faute d'avoir été revendiqués par quiconque); la reprise en sourdine par des pèlerins d'un *No pasaran!* et un petit groupe faisant, chaque mois de septembre, la traversée de Banyuls à Port-Bou, par la montagne, le long
< de la *via crucis*, l'ultime chemin suivi par Benjamin [<] la veille de son suicide, l'ancienne «route Lister» rebaptisée «chemin Benjamin». Le lieu n'est devenu un pôle de ralliement que pour ce modeste club multinational de chercheurs et de militants, mais la qualité ne dépend pas de la quantité. Le *happy-few* sied aux lieux d'exception. Cette innervation toute récente d'un port minuscule à l'orée de la Costa Brava a suivi la règle des trois phases propre aux constructions de la mémoire collective (pensons, en France, aux découvertes à retardement de la Shoah et du Vél'd'Hiv') : d'abord l'indifférence (jusqu'à la mort de Franco, en 1975, le village n'avait qu'un très flottant souvenir de l'incident, assassinat ou suicide, et personne n'osait s'y attarder); ensuite, l'émergence du souvenir, avec les travaux d'universitaires et d'historiens espagnols, allemands, français et autres, bientôt relayés par les autorités politiques du cru; et, enfin, l'actuelle phase d'hypermnésie, qui aura sans doute, un jour lointain, les enjeux s'effaçant, sa retombée.

Rien de mieux, pour prendre de l'avance sur le jour du réveil et du Jugement qu'un beau trépas solitaire, suicide ou meurtre. Le coup d'éclat illumine en rétroprojection un parcours de vie qui peut avoir été assez gris (aubaine dont la catastrophe aérienne, l'accident de voiture ou de chemin de fer, peu favorables à l'encadrement et à l'enluminure, privent les victimes).

La «belle mort» exhausse et fait sortir du lot. Ainsi Marat poignardé dans sa baignoire et transcendé en «Ami du peuple». Ainsi Bara, «l'enfant héroïque» transfiguré par David, auquel furent décernés, en l'an II, les honneurs du Panthéon. Le petit tambour aurait été tué par les Vendéens pour avoir refusé de crier « Vive le roi ! » en pressant sur son cœur la cocarde tricolore. « Sa mort scelle un destin, sa jeunesse garantit la vertu. » Bon pour le tableau et la statue. « Jeune Bara, digne d'envie/Ton cœur est pour nous consacré… » Les martyrs de la Résistance faisant écho à ceux de « la Patrie en danger », le très jeune Guy Môquet a eu droit récemment, par souci d'opportunité, à une apothéose du même genre, sinon du même style **[pl. 16]**.

Hommes et femmes publics en quête de piédestal, ne craignez pas l'assassinat ! J. F. Kennedy et John Lennon ne sont-ils point statufiés ? Extrayez-vous du flux, incrustez-vous dans nos mémoires aux lâchetés suspectes et qu'un rien vient distraire. Saint est celui dont le sang a coulé avant l'heure. Le revolver, le poignard ou la hache économiseront les frais de votre mise en pension parmi nous, instituts et fondations nominatives, centenaires, cinquantenaires, statues, baptêmes de rue, thésards appliqués et biographes un peu lestes — à tout sacré ses sacristains, flamines ou brahmanes. Songez à la survie bonhomme et nonchalante, sans trop de dépenses doctorales ni de sueurs savantes, d'un Henri IV et d'un Thomas Beckett, et n'ayez pour le moine fanatique ou le monarque ingrat que des sentiments de pieuse reconnaissance. Son suicide a grandi le Chilien Salvador Allende **[>]**, et dans notre landerneau les noms de Salengro et de Bérégovoy se détacheront encore longtemps du marécage politicien d'époque. Président, ministre ou député, vous trouvez le conseil de mauvais goût ? Soit. Mais posez-vous cette question : quel homme politique français a pu partager avec Victor Hugo, poète, et Marcelin Berthelot, chimiste, l'honneur d'entrer tout droit au Panthéon, sans passer par la case cimetière ? Sadi Carnot, président de la République assassiné en 1894 par un anarchiste expédié en un tournemain à la fosse commune.

Le sentiment du sacré ne flotte pas dans les têtes ni dans les arrière-mondes. Il s'inscrit dans l'espace et comme il n'a pas toujours besoin de foi ni de transcendance pour entailler l'écorce terrestre, le

>

La belle mort, un invariant ?

Joseph Bara

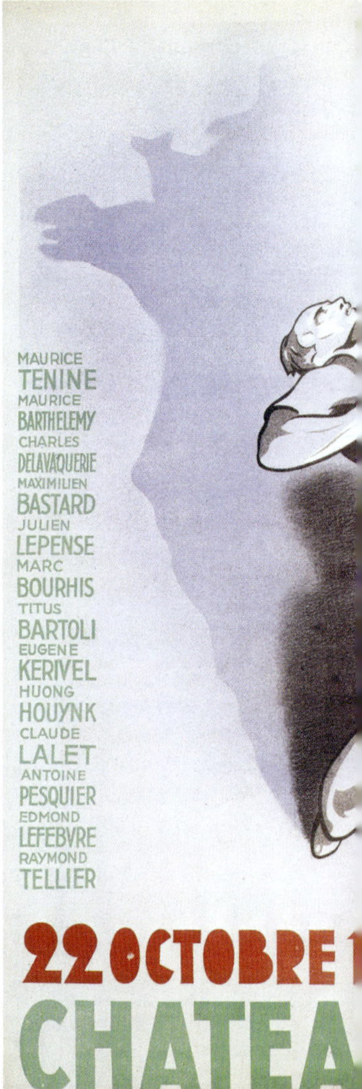

BARBARES
LAIENT LES TUER
ES ONT RENDUS
MORTELS
OLITZER fusillé le 14 Mai 1942)
CHARLES
MICHEL
JEAN
POULMARCH
PIERRE
TIMBAUT
JULES
VERCRUYSSE
DESIRE
GRANET
MAURICE
GARDETTE
JEAN
GRANDEL
JULES
AUFFRET
PIERRE
GUEGUEN
RAYMOND
LAFORGE
EMILE
DAVID
GUY
MOCQUET
HENRI
POURCHASSE
VICTOR
RENEL
BRIANT

Guy Môquet

géographe peut l'évoquer aussi bien, sinon mieux, que le prêtre. Et ce que l'incongru peut avoir de cruel ne l'empêche pas d'escorter tous les rassemblements humains tant soit peu durables, qu'ils se comptent par milliers ou par centaines d'individus, comme leur ombre portée, et souvent inhumaine.

KDVI-7
KDVI-7

2.

Le travail du temps

Par chroniques et journaux

La parole au vent.
Après nos leçons d'espace, place aux cours particuliers d'histoire.
Qu'ont-ils à nous asséner ? Que le sacré n'existe pas comme un mystère surhumain et transcendant, puisque chaque époque s'invente le sien, sans vergogne. Il y a toujours de l'inviolable dans une société, mais il n'y a pas d'inviolable pour toujours.
La faute à qui ?
À nous, qui remplaçons sans coup férir une fervente obligation, une injonction suprême par une autre, selon nos besoins, nos fatigues et nos angoisses.
Nous avions cru dénicher au creux des pierres comme un temps immobile, et voici que l'écume des jours nous révèle du versatile et du volatil.
Comment résoudre cette quadrature du cercle ?
En distinguant, au plan des idées, la fonction sacralisante, *très probable invariant, de l'*organe *sacralisé, qui est un mutant, voire un mutin.*
Et au plan des conduites, en renonçant à l'Immuable et à l'Irrévocable, pour jeter son dévolu, à chaque jour suffit sa peine, sur une échelle de sacralités joyeusement inventive et mobile.

Vicissitudes

Se faire topographe pour repérer l'empreinte au sol ne suffit pas. Il faut de plus tenir chronique. Sacré, si vous y tenez, soit, mais pour qui et à quel moment ? Et pour combien de temps ?

Questions désobligeantes mais que le moindre manuel d'histoire, et non de métaphysique, ne manque pas de poser, fût-ce au plus naïf des observateurs.

La Justice. *La* Liberté. *L'*Art. *Le* Sacré. Les mots pèsent d'un poids très lourd sur le cerveau des vivants, et plus encore l'article défini. D'où vient-il, cet huissier chargé de chaînes ? D'une classique et tentante sublimation. Prenons une salade de fruits. Un bazar. Désordre et désarroi. Arrive Dame Spéculation, qui va extraire de ce méli-mélo l'entité Fruit, l'expédier au Ciel des idées pures, d'où elle acceptera ensuite de redescendre pour se distribuer en pommes, fraises, prunes, etc. Ainsi a-t-on forgé le *numineux*, qui ferait sur terre ici et là des apparitions nommées *hiérophanies*. On préférera plus modestement parler ici de *sacralités*, simples effets d'*actes* de sacralisation. Le sacré n'est pas une essence ni une substance. C'est un *rapport* instauré entre un objet et des sujets, qui relève d'une anthropologie et non d'une ontologie, et se passe fort bien des secours de la religion. Notre choix du terre à terre n'obéit pas qu'au souci de ne pas perdre la boule. Il s'agit au fond de se réapproprier ce qui nous revient de droit. Le sacré n'est pas un petit signe que nous fait en passant « l'autre monde ». C'est nous, les passants de ce monde-ci, qui le chargeons de signes plus. Sacral est une qualité que nous ajoutons — dans un moment de détresse et par instinct de conservation — à tels ou tels lieu, objet ou personne, mais qui peut aussi, à tout moment, s'en retirer sans altérer la chose elle-même. Le *Guernica* de Picasso ne s'est doté que d'une vitre pare-balles après son entrée dans l'empyrée des œuvres sans prix. Le taureau et la colombe restent à leur place. C'est notre regard qui n'est plus le même.

Souvent sacré varie, bien fol est qui s'y fie. Comme l'atteste la longue et féconde aventure de ses déplacements et ruptures, extinctions et métamorphoses. C'est pourquoi cela ne fait pas un bon produit d'exportation, ni dans le temps ni dans l'espace. Gengis Khan, promu père de la nation mongole après la disparition du communisme, trônant sur un cheval d'acier de 50 mètres de haut au beau milieu de la steppe, trouverait difficilement preneur à Budapest ou à Bagdad **[pl. 17]**. Mère Teresa n'est une icône que dans l'Europe chrétienne. Et personne ne se plaindra que la sacralité de Staline **[>]** n'ait pas survécu très longtemps au stalinisme. Pas plus qu'Athéna à Athènes. Sans doute le sacré politique (où le religieux ne voudra voir qu'un produit de substitution) est-il à combustion rapide. Trente ans seulement séparent le petit père des peuples de son buste décapité **[pl. 18]**. Le sacré religieux, à mèche lente, met des siècles à s'éteindre, mais quelle divinité n'a couru dans le fossé — ou au musée ? On a vu des sanctuaires se muer en écuries ; on voit des églises justement dites désaffectées, délestées des affects qui les rendaient attachantes, se découper en lofts, comme au Québec, ou, comme en Belgique, en hôtels, candélabres, lutrins et retables filant chez l'antiquaire du coin. Et une chapelle bordelaise en cinéma. On a vu un lieutenant de Dieu sur terre, héritier d'une dynastie millénaire, se diaboliser en trois ans, de 1789 à 1791, du bon roi Louis au gros Capet. On voit qu'on peut, en 2012 et sans dommage excessif, brocarder en France les curés en soutane avec des mots qui conduisent en correctionnelle s'ils visent des ministres d'autres cultes, religieux ou non. De même, le mauvais plaisant qui fera une pause pipi sur la dalle de l'Arc de Triomphe sera gentiment conduit au poste pour une main courante. Si le même, touriste au Cambodge, allait faire le pitre en pyjama noir dans les salles de torture de S-21, l'ancien lycée de Phnom Penh reconverti

>

Gengis Khan à domicile (Mongolie)

Complexe de Tsonjin Boldog, à 54 kilomètres d'Oulan-Bator, la capitale (statue : 40 mètres de haut; socle : 10 mètres; coût de la construction : 4,1 millions de dollars)

en prison par les Khmers rouges, même *Charlie Hebdo* lui ferait grise mine. Ce qui était à la périphérie après guerre est passé au centre de notre tissu nerveux. En grossissant le trait : on peut dire à haute voix en 2012, dans une rue du Caire, qu'Osiris n'est pas ressuscité — ce qui, il y a trois mille ans, vous condamnait à mort — mais on ne conseillera à personne, au même endroit, de traiter le prophète Mohammed de vieillard libidineux et lunatique. En revanche, parce que ce ne sont plus des lieux de prière, nous sommes libres de visiter les temples de Nubie, Abou Simbel et Philae, qui, attirant des millions de touristes et non plus des milliers de fidèles, ne fâchent plus personne.

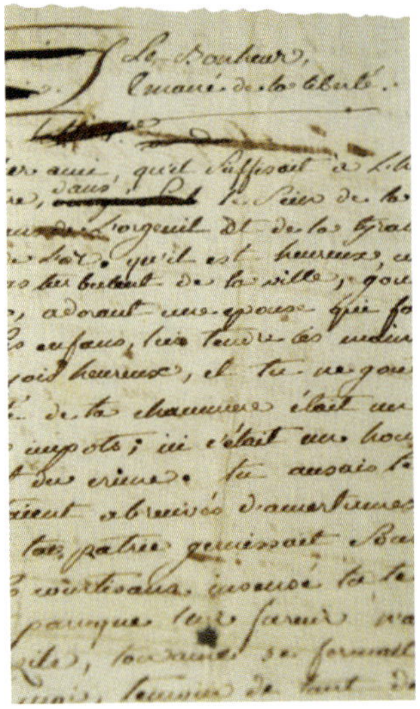

Non moins cocasses, ou saumâtres, les différences de pression atmosphérique.

En restituant à la Corée, sous couvert d'un prêt, des manuscrits royaux du XVIIe siècle pillés par la marine française en 1866, notre gouvernement a opéré une brèche dans le principe sacré de l'inaliénabilité des collections publiques. Ce qui y est entré n'a, en principe, plus le droit d'en sortir. Ce sacrilège n'a hérissé, à juste titre, que nos conservateurs, parce qu'il est au fondement de tous nos musées, alors que la population coréenne a applaudi avec ferveur. Et pour cause : ces manuels de protocole illustrés de la dynastie Chosun (1392-1910) font partie de son identité, nullement de la nôtre. Pot de terre contre pot de fer. Le différentiel de pression rendait l'affaire boiteuse, le plus lourd a fait plier le plus léger. À l'inverse, on ne voit pas quel autre pays que la France aurait pu trouver 980 000 euros pour que des brouillons de Robespierre **[<]** puissent rejoindre les Archives nationales (ce qu'ils ont fait en 2011, aidés par une souscription populaire aux résultats impressionnants). Sacralité patriotique oblige.

Ton sacrifice, mon sacrilège; et *vice versa*. À propos, l'Occident s'interdit officiellement d'attaquer les autres en bloc et par catégories, mais non les prophètes des autres — Mahomet au premier chef, libre d'emploi. L'islam respecte les prophètes des autres (Abraham, Moïse ou Jésus) mais non les autres, injuriables à merci. Le blasphème peut être poursuivi en Angleterre ; l'Allemagne a une loi sur le sacrilège ; et l'Autriche peut détruire la copie d'un film litigieux. À Singapour, sanctuaire dédié aux divinités du profit et de la consommation et où le taux d'exécutions capitales est le plus élevé du monde, c'est blasphémer que de dénoncer la peine de mort (six semaines de prison et 11 000 euros d'amende pour l'auteur d'origine britannique d'un livre contre la peine de mort, condamné pour « outrage à la justice »). À Berlin, Paris ou Copenhague, c'est le contraire qui ferait hurler (et vaudrait des misères à l'impie). Ici, une femme qui porte le niqab verra s'approcher un policier ; là-bas, ce sera celle qui n'en porte pas. Qui dénie, à Erevan, la réalité du génocide arménien tombe sous le coup de la loi ; qui reconnaît cette réalité à Istanbul, également. Quant aux variations saisonnières dans un même pays, elles ne manquent pas non plus de sel. En 1950, l'homosexualité était passible de poursuites ; l'homophobie l'est en 2000 (pendant que la pardonnable pédérastie se retrouve abjecte pédophilie). Des photos d'enfants nus, naguère anodines, sont aujourd'hui taxées d'images à caractère pornographique, et les adolescentes de David Hamilton, amplement diffusées dans les années 1960, ne peuvent plus égayer les magazines de 2010. *Sic transeunt sacra.*

Que l'antidote à la dégradation de toutes choses que nos aïeux recherchaient dans la relique imputrescible, odoriférante et guérisseuse soit elle-même biodégradable, cela entache déjà le moindre arrêté de classement. Un « ô temps, suspends ton vol » peu ou prou incantatoire perce sous l'*arrêt sur image* qu'exige l'inscription d'un site ou d'un édifice au patrimoine national ou mondial, ce sacré de deuxième ordre. Elle enjoint aux ayants droit de le laisser en l'état (ou de le restaurer à l'identique sous le contrôle d'un homme de l'art). Mais peut-on produire du Venise à volonté, et interdire à une ville de vivre sa vie ? Un site naturel labélisé devient inconstructible, comme le sont les alentours d'un monument classé. Construire un pont levant sur la Gironde ou planter des éoliennes devant le Mont-Saint-Michel exposerait la ville de Bordeaux ou l'abbaye normande au *déclassement*. Dresde, « la Florence de l'Elbe », a déjà perdu sa médaille internationale pour cause de construction d'un viaduc routier (en béton et acier de 635 mètres barrant la perspective). C'est dire qu'il y a une sainteté, mais pas de sacralité d'état.

Le cadavre lui-même voit son caractère intouchable décroître avec les ans, et lorsqu'un squelette a cessé de désigner une personne précise, l'archéologue est autorisé à fouiller l'emplacement. Si nos petits-enfants ont mieux à faire à la Toussaint que d'aller perdre leur temps dans une lointaine banlieue, nos restes seront transportés à la fosse commune, et une procédure de reprise engagée. Saumâtre découverte : ce dont nous attendions une victoire sur le temps n'est pas intemporel. C'est pourquoi il n'est de diplôme d'immunité que suspensif. Et d'aura autour d'un visage qui ne soit un halo entre deux nuages. Cela se forme, se déforme et se reforme. Simple lieu de mémoire au XIXe siècle, notre Arc de Triomphe s'est sacralisé le 11 novembre 1921, quand y fut déposé le cercueil du Soldat inconnu. À l'inverse, lieu de culte à l'origine, d'abord comme église, ensuite comme sanctuaire laïque, le Panthéon parisien s'est dégradé en *frigidarium*, « l'école normale des morts », où l'on rencontre à présent dix fois plus de touristes en goguette que de républicains à l'exercice. « Aux grands hommes, la patrie reconnaissante » : la formule dore toujours le fronton, sans que l'on sache trop s'il s'agit d'un mémento ou d'une injonction. En ce cas, elle ne convainc plus guère les interpellés. *Patrie* a mauvaise presse et fait riquiqui pour l'Européen proclamé ; *reconnaissance* est saugrenu pour l'habitué aux repentances ; et *grand homme* nous fait sourire : non parce qu'il n'y en a plus, mais parce qu'il y en a trop, avec le quart d'heure de célébrité attribué à qui le veut bien, comme le bac aux jeunes gens et le festival au vieux village.

<

N'en concluons pas que nos aiguilles de montre tournent dans un seul sens, du réservoir d'émotions vers la réserve de loisirs. L'horloge du siècle n'est que très modérément progressiste. La Russie réenchante les objets et les lieux que l'Union soviétique avait désenchantés. *Good bye* Lénine, bonjour Saint-Basile-le-Bienheureux **[<]**. Et le nouveau sanctuaire, à Moscou, est l'ancienne chapelle privée des tsars au cœur du

Souvenirs, souvenirs…

l'Humanité

ORGANE CENTRAL DU PARTI COMMUNISTE FRANÇAIS

EDITION SPECIALE

JEAN JAURES
VAILLANT-COUTURIER
MARCEL CACHIN

VENDREDI 6 MARS 1953

15 fr.

DEUIL POUR TOUS LES PEUPLES

qui expriment dans le recueillement, leur immense amour pour

LE GRAND STALINE

La Conférence nationale du Parti Communiste Français interrompt ses travaux

Jacques DUCLOS :

Déclaration du président de séance Victor MICHAUT

VEL' D'HIV' DE DEUIL MARDI

Kremlin, la cathédrale de l'Annonciation. Après le secrétaire général, le patriarche orthodoxe. Et nombre d'icônes jadis transférées au musée reprennent le chemin des iconostases, au grand dam des conservateurs, qui les voient sans plaisir replonger dans la fumée des cierges, l'humidité et les changements de température. De même, une tête tatouée maorie devenue pièce de collection au muséum d'histoire naturelle de Rouen redevient-elle relique religieuse après restitution aux Néo-Zélandais, pour qui l'ancêtre est sacré, et la dépouille de la Vénus hottentote, qui a quitté le musée de l'Homme pour l'Afrique du Sud, n'y est pas revenue en objet de curiosité. Après la religion de l'art, cet ersatz, le retour à l'expéditeur ressuscite l'original. Et ce n'est pas le seul domaine à prendre à rebrousse-poil une modernité supposée sans billet retour (la Turquie d'aujourd'hui tire plus vers l'Ottomane d'avant-hier que vers Atatürk). Il y a des pertes de charge en route, mais aussi, parfois, des changements de portage qui rechargent les piles. Vézelay, par exemple. La colline phare de la chrétienté, sanctifiée au XIe siècle par l'arrivée des reliques de sainte Madeleine mais désacralisée du jour où le pape en nia l'authenticité au XIIIe (l'osselet décide), a trouvé après guerre, autour du thème européen et de la réconciliation franco-allemande, une nouvelle jeunesse. Avec l'arrivée d'écrivains comme Romain Rolland, Georges Bataille, Max-Pol Fouchet, Jules Roy, Maurice Clavel, une capitale de la foi catholique s'est requalifiée en un havre d'humanisme universaliste, se proposant en lieu symbole de l'Europe des Six. Il y fut lancé, en 1946, une croisade toute laïque pour la paix, et non pour châtier le Sarrazin. Le facteur sacré peut sonner deux fois.

<

Aucun site, pour privilégié qu'il soit par la nature, n'a d'âme par lui-même. Il l'emprunte aux humains, à notre présent. Le mémorial de la déportation (politique) **[<]**, derrière Notre-Dame de Paris, au fond d'un square, s'est glacé en quelques décennies. Il est désert. Le mémorial de la Shoah, à quelques pas de là, ne deviendra pas de sitôt, lui, un lieu de drague pour marginaux. La vitalité communautaire, relayée de père en fils et de fils en petit-fils, le maintiendra longtemps en vie. Si le fait juif est trois fois millénaire, la Résistance française, gaulliste ou communiste, sans filiation naturelle, ne pouvait marquer de son empreinte qu'une ou deux générations. Défaillance de la mémoire ou fatalité « biologique » ?

Il est aussi des ruptures délibérées et réfléchies, car ce qu'un groupe a fait, le même peut le défaire cent ans plus tard. Tel est le bon usage des *conflits de sacralités*, ces dilemmes cornéliens du plan-plan. Entre la défense du foie gras et celle des oies... Entre mon amour et mon honneur... C'est l'occasion de revoir sa copie, en troquant un principe directeur contre un autre. Ainsi les États-Unis ont-ils récemment hésité sur ce qu'il convenait de mettre en haut de l'échelle : la bannière étoilée ou le premier amendement ? Brûler le drapeau — cela se faisait sur les campus au moment du Viêtnam — était profanatoire. Doit-on traîner en justice le transgresseur ? La Cour suprême a répondu non, et la Chambre des représentants a repoussé *in extremis*, à une courte majorité, en 1990, un projet d'amendement « antiprofanateur ». La liberté d'expression inscrite dans la Constitution a été jugée plus sacrée, finalement, que le drapeau. Se moucher dans un mouchoir aux couleurs nationales ou mettre ses ordures dans une poubelle *stars and stripes* sont ainsi devenus, outre-Atlantique, des actes inciviques mais non sacrilèges.

Peu importe que se brise une idole puisqu'elle aura des successeurs — ou des revenants. Saint Paul a annoncé au monde antique que le grand Pan était mort ; et Nietzsche, au monde moderne, que Dieu était mort. Et voilà le grand Pan de retour. Au royaume de France, à peine le roi se retrouva-t-il en bourgeois que le corps de la patrie prit sa place. La cocarde remplaça la croix, le défilé, la procession. Et sitôt les statues royales mises à bas (1792), on en éleva d'autres à la Liberté, ainsi qu'à de vertueuses allégories. Avis aux iconoclastes : préparez l'icône suivante. Faites comme Napoléon avec la Grande Armée. Chassez Dieu des régiments, mais sacralisez le drapeau et rendez-lui les honneurs dus à son rang. Ou comme Mitterrand avec ses électeurs, à mi-course : évanoui le mirage d'un socialisme français, il les a fait rêver à l'Europe (sociale). Un briseur de rêves, qui ne veut pas finir en naufrageur, doit en concevoir de plus grandioses. Plus trivialement, si vous démolissez le clocher du village, édifiez à la place une belle mairie. Si la mairie, un siècle plus tard, s'engrisaille, pensez à faire venir un hypermarché avec néons. Une communauté d'âmes a toujours besoin d'un sémaphore. Sans oublier qu'une foi débaptisée affleure toujours sous la nouvelle promue, qui est souvent la même en plus folle, ou en plus bébête.

> *Comment naît une religion, comment s'instaure un culte, une lettre à sa mère de mon petit-fils Pierre Wiazemsky, en pèlerinage à Cuba, m'en donne quelque idée. En ce dimanche dont la liturgie est centrée sur le Pain vivant, le père Lelong nous rappelle à la messe de la radio qu'en dépit de tous les événements, de tous les bouleversements dans l'Église et de cet immense reflux de la foi, tant qu'il restera des hommes pour croire au Pain vivant, rien ne sera perdu. Le royaume de Dieu est invisible : parmi ceux que Pierre Wiazemsky nous montre bouleversés d'enthousiasme par la découverte d'une autre foi, combien avaient gardé à leur insu, enfoui au-dedans d'eux-mêmes, un peu de levain reçu dans leur enfance chrétienne et qui sera là encore lorsqu'il ne sera plus question de Castro.*
>
> **François Mauriac, *Bloc-notes*, dimanche 9 août 1970.**

Et tâchez de sortir de l'impasse par le haut, trouvez l'englobant des jumeaux qui s'entre-déchirent. Voyez la guerre des deux France, à la Belle Époque, au sortir de l'affaire Dreyfus. La fille aînée des Lumières contre la fille aînée de l'Église. Celle-ci avait dressé l'obélisque, place de la Concorde (1836); celle-là a répliqué avec la statue de Marianne, place de la République (1883). L'une s'est offerte le Sacré-Cœur, l'autre la tour Eiffel. Et finalement, Clovis et Voltaire se sont réconciliés, en 1914, sur une sacralité commune et supérieure aux deux frères ennemis : la nation façon Péguy **[<]**. En 1918, au pied du monument aux morts de la commune, l'instit et le marquis s'adressent la parole. Même convergence, même confluence entre Ménilmontant et le Trocadéro en 1944, à Paris.

La Résistance française fut une guerre civile qui n'a pas eu lieu parce qu'un culte amoureux et partagé a pu rassembler *in extremis*, avec le programme du CNL et sous l'égide du général de Gaulle, les bleus et les rouges, nous évitant le sort de la Pologne ou de la Yougoslavie. « Je n'ai jamais cru qu'aimer sa patrie m'empêchât d'aimer ses enfants, écrit Marc Bloch **[>]**, fusillé par les Allemands ; je n'aperçois point davantage que l'internationalisme de l'esprit ou de la classe soit inconciliable avec le culte de la patrie. » La nation selon l'historien martyr a perdu sa transcendance (preuve en est qu'il n'est même pas au Panthéon), mais la procédure demeure exemplaire.

>

Nous assistons à un remaniement dans notre hiérarchie des normes juridiques. Celle-ci évolue comme l'ombre portée de nos tragédies, ou plutôt dans le sillage de nos catastrophes. C'est ainsi que l'on voit se surimposer au *droit à la vie*, pris pour absolu, le *droit à la dignité*, formule apparue après la découverte des camps de la mort et proposée par René Cassin, avec son corollaire, l'interdit jeté sur « le traitement inhumain et dégradant ». Le transfert n'est pas terminé mais l'accent principal se déplace. Le nazisme est passé par là. L'article 2 de la Convention européenne des droits de l'homme stipule encore que l'on doit protéger « le caractère sacré de la vie » (ce qui a conduit la Cour européenne à refuser de satisfaire la demande d'une requérante paralysée par une maladie neurovégétative qui souhaitait obtenir l'aide de son mari pour mettre fin à ses jours[1]), mais les poursuites pénales sont en voie d'abandon, et nombre de pays européens, Hollande, Belgique, Suisse, autorisent à certaines conditions l'euthanasie active.

On peut réprouver ce déplacement de la ligne rouge au nom d'un credo confessionnel, mais comment nier qu'il épouse la réalité de l'époque ? Outre que les nouvelles techniques d'assistance médicale à la procréation ne plaident pas vraiment pour « l'origine divine de l'homme » ni pour « le caractère inaltérable de l'ordre naturel », la

1. Cour européenne des droits de l'homme, Petiti contre Royaume-Uni, 22 avril 2002.

vie, à première vue, ne peut faire l'objet d'un *absolu* respect sans quelque hypocrisie.

> *Même si les désaccords persistent, dans le prolongement des diverses traditions religieuses, et même si la recommandation de l'Assemblée parlementaire du Conseil de l'Europe maintient l'interdiction absolue de mettre fin à la vie des malades incurables et des mourants, un processus de transformation est désormais en cours. Il est significatif que le Conseil de l'Europe comme la Commission nationale consultative des droits de l'homme française considèrent que les progrès scientifiques et le fait que la mort soit désormais médicalisée ont modifié notre perception de celle-ci et provoqué la transformation des valeurs et des exigences normatives qui nous orientent.*

Mireille Delmas-Marty, *Vers une communauté de valeurs,* Éd. du Seuil, 2011.

Le droit à la vie disparaît en cas de guerre ou de légitime défense (comme en témoigne « la guerre contre la terreur », qui ne lésine pas sur le drone et l'exécution extrajudiciaire). L'inconditionnel est donc soumis à condition. Et une vie indigne ne vaut pas toujours la peine d'être vécue (par exemple, à l'état de légume). On peut tenir pour une avancée proprement humaniste que l'éthique ait décroché du biologique : ce n'est pas la vie, que l'on partage avec la chauve-souris et le perce-neige, mais la dignité qui est le propre de l'homme.

Allergies

La mise au rancart ne doit pas peu à nos aises nouvelles. Ont diminué l'insécurité des êtres et la précarité des choses. L'Occident a passé le cap de la survie : plus de disette, peu de coupe-jarrets dans les rues et guère de brigands sur les routes. Avec l'éclairage urbain, on a moins peur la nuit. La paix à demeure, la sécurité, les calories, la montée en cent ans de l'espérance de vie… Pour les enfants gâtés que nous sommes devenus en vieillissant, inutile de sublimer, chaque jour est son propre juge. Tenus à rien et comptables de rien, s'inscrire dans une Histoire plus longue que nous ne nous fait plus souci. Ne sommes-nous pas des hommes libres, et faits pour le bonheur ?

« Il n'y a donc plus rien de sacré, mon bon monsieur, à part la santé ! », s'exclamait à voix haute une Parisienne aux cheveux blancs, devant une pharmacie, après s'être fait klaxonner dans un passage piéton par un impudent chauffard. Et un jeune gaillard sur le trottoir de lui répondre avec un sourire de satisfaction : « Non, plus rien, ma bonne dame, et c'est tant mieux. On respire ! » Ouf ! Bon débarras. Voilà ce que l'on pourrait tous reprendre en chœur, après ce court XXᵉ siècle dont nous sortons avec une gueule de bois, quittes des moines-soldats et des âmes ardentes. Nous avons dit adieu à ce siècle de plomb où, par deux fois, l'on est parti (Allemand, Anglais, Français, Russe ou Italien) se suicider en chantant, la fleur au fusil, prêt à endurer et infliger le pire pour la meilleure des causes. « Les témoins qui se font couper la gorge », les seuls auxquels croyait Pascal, nous laissent pour le moins incrédules : nous avons appris que ce sont en général les mêmes qui égorgent leur voisin de bon cœur. Avec nos guerres civiles et nos religions séculières, nous avons assez payé le prix du sang et de la connerie — assez vitupéré les salopards de l'anti-

France, côté droit, et le renégat Kravchenko, côté gauche — pour ne pas regarder avec des yeux d'entomologiste tous ces exagérés, ces enragés de l'idéal, outre-monts, outre-mer, qui se disent, chacun son tour, prêts à « verser jusqu'à la dernière goutte de leur sang » pour défendre la liberté **[<]**, l'honneur d'Allah, l'indépendance de leur pays, ou obtenir le départ d'un despote exécré (avant l'arrivée du suivant). D'ailleurs, ne donne-t-on pas carte blanche à nos gouvernants pour les torturer en secret, ces fous de Dieu, et arroser leurs enclaves de « plomb durci » ? Nous, n'est-ce pas, nous sommes du bon côté, celui des idées molles, trop peut-être pour faire lien, mais moins dangereuses que nos chimères cannibales d'antan. Nous voilà peu ou prou aux côtés de Georges Brassens (mourir pour une idée, oui, mais de mort lente), des mutins de la Grande Guerre, nous avons mis la crosse en l'air, c'est Bardamu notre copain. Trop informés, trop le sens du ridicule, trop malins pour aller donner derechef dans le panneau. Les lieux où pointe une croix de Lorraine, une croix tout court, un drapeau vert, rouge, bleu, safran, voire tricolore, on n'est pas loin, entre chair et cuir, de leur trouver un parfum de mauvais lieu, vaguement vénéneux. Le sacré d'ordre ? Cucul. Le sacré de communion ? Fatal. Comme si ce n'était pas assez du cancer, de l'amiante, du nucléaire, des holocaustes du week-end et de la nicotine, pour ajouter au *mourir de* un *mourir pour* — quoi, je vous demande un peu.

En termes crus, « ces minutes qui dépassent chacune de nos pauvres vies » ne suscitent plus beaucoup d'envie.

Ce rejet, direz-vous, est bien localisé. Vous n'en êtes peut-être pas. C'est le blasement des cyniques et des bobos. Pas vraiment représentatif.

Soit. Prenons du champ. Ouvrons l'objectif.

Deux institutions, en monarchie comme en république, qui ont en commun le port de l'uniforme, étaient professionnellement en charge : l'Église veillait au sacrilège ; l'armée, au sacrifice. C'est peu dire que ces contre-sociétés, pivots du sacré d'ordre, sont en difficulté. La société les boude, et pour s'y faire une place et arrondir les angles, les préposées aux vestiges mettent de l'eau dans leur vin.

La conférence des évêques de France laisse à certaines associations privées, d'humeur intégriste, le soin d'intenter une action en référé pour l'interdiction de tels ou tels affiche, film ou publication (tout en ouvrant certains lieux de culte à des installations plastiques qu'elle aurait naguère qualifiées de sacrilèges).

Le projet de refonte du statut général des militaires, en 2003, avait oublié de mentionner *l'esprit de sacrifice* parmi les valeurs fondamentales de l'état militaire (l'erreur fut réparée *in extremis* et il figure dans l'article 1). Lapsus. Ledit état n'est plus une vocation mais une profession, et peu s'en faut que la mort d'un engagé volontaire soit assimilée à la faute lourde de service, qui pourrait bientôt contraindre les pouvoirs publics à pensionner non seulement les descendants de la victime mais ses père et mère.

« Il n'y a pas d'hommes qui s'entendent mieux, disait Napoléon, que les soldats et les prêtres » — notamment pour glorifier la souffrance. Saint Michel, le chevalier à la lance, n'est-il pas le patron des militaires ? Le drone et le chasseur bombardier l'ont fait tomber de son cheval. La fin des obligations militaires, l'ancien « devoir sacré », et le déclin de nos armes nous voilent ce que la guerre a d'incongru, et même de paradoxal quand elle se déguise en descente de police internationale, non contre un ennemi mais contre un délinquant — rebelle, insurgé ou terroriste. Comment concilier « le caractère sacré de la mission » — encore stipulé par le code du légionnaire **[>]** — à savoir qu'il doit le cas échéant lui sacrifier sa vie — avec le fait aujourd'hui admis que rien n'est plus sacré qu'une vie humaine ? En réalité, moins sont sacralisables les objectifs du combat, laissés dans le flou par d'excentriques interventions coloniales où aucun intérêt vital n'est engagé, plus la vie des soldats est *de facto* sacralisée, et plus les moindres pertes se font catastrophiques. La mort au combat va devenir un scandale. Entre 1914 et 1918, il y eut en France, chaque jour, une moyenne de neuf cents morts au front, simples conscrits pour la plupart, et le président du Conseil à Paris ne levait pas un sourcil. Cent ans ont passé.

>

Sept engagés volontaires tués en Afghanistan : deuil national, familles en larmes à l'écran, président de la République aux abois. Si le *pro patria mori* avait déjà perdu beaucoup de sa mystique avec la boucherie industrielle de 14-18 et si 39-45, qui fit plus de morts chez les civils que chez les combattants, a encore plus discrédité les mots ronflants de la patrie en danger, c'est la guerre elle-même qui pourrait bien dans nos contrées devenir un crime, et le militaire professionnel, un délinquant professionnel **[pl. 19]**.

Nous n'en sommes pas encore là. Pour l'heure, le discours militaire s'est replié sur l'*esprit de service* (autre euphémisme : le *sens du devoir*) ; et le discours épiscopal, sur l'*intrusion* ou l'*irrespect*. Le bémol est mis.

> *La chambre s'est allégée. Elle a perdu son mobilier et ses bibelots. Plus d'armoire, mais des placards, ouverts sur des piles de serviettes colorées, un entassement de chemises et des vêtements sur leurs cintres : un dressing. Des meubles escamotables, à transformations, des tiroirs emboîtés. À peine un lit ; plus de baldaquin fixateur, de tête encombrante ; quatre pieds plutôt, recouverts d'une couette submergée de coussins, où on peut s'affaler sans se coucher ; voire un futon jeté au sol, léger et mobile. Éclairages indirects et doux. Un matériel pliable inspiré du camping, conçu pour des usagers toujours prêts à lever le camp. Interrogés, ceux-ci se déclarent souvent peu satisfaits de leurs chambres, mais indécis sur leurs désirs. En quête, plutôt, d'espaces indifférenciés, malléables et modulables, tel le loft, à l'image de leurs vies.*
>
> **Michèle Perrot, *Histoire de chambres*, Éd. du Seuil, 2009.**

Symptôme d'un glissement de plaques tectoniques dans nos mentalités. Des verbes jusqu'à hier innocents tels que *prescrire*, *interdire*, *fermer*, *obliger*, *distinguer* ou des mots naguère honorables comme *réserve*, *clôture*, *anonymat*, *intransigeance*, *discrétion*, *indisponibilité* ne sont pas seulement les perdants de l'*open space*, mais, quasiment, des fossiles à enterrer. Malheur au secret, qu'il soit d'État ou de la confession, diplomatique ou érotique. Malheur à l'esprit d'équipe, chacun de nous veut avoir son nom au générique ou sur l'affiche, et sa bobine sur la photo. La crise simultanée de l'alcôve (le privatif) et du dortoir (le collectif), de la chambre sanctuaire (transparence oblige) et de la salle commune (caserne, hospice, pensionnat ou sanatorium), c'est le krach des valeurs de recueillement comme des griseries du coude-à-coude. Pris en tenaille entre l'essor pavillonnaire des banlieues et le bureau paysager en centre-ville, les ermites n'en mènent pas plus large que les camarades.

C'est que nos outillages comme nos espaces de vie ont changé, nous avons le décor et la morale de nos prothèses. L'ère des réseaux en ligne est celle du tout un chacun, et non plus des foules ou des masses. Dans le monde 2.0, le gouvernement du sacré, s'il était concevable à l'ère de l'imprimé et du *broadcast*, est devenu techniquement obsolète. Le modèle d'autorité n'est plus pyramidal, et l'apostrophe *ex cathedra* est mal reçue. Un soldat du rang muni d'un iPhone comme un curé de campagne d'un blog ne peuvent plus regarder du même œil, ni écouter de la même oreille, le colonel et le cardinal. Ils ne vivent plus en vase clos, dans un milieu fermé. Il y a du bruit en ligne. Et une pulvérisation en cours des monolithes identitaires. Chacun sa bulle, chacun son réseau, chacun son profil. Les collectifs comme les individus deviennent leur propre modèle, on passe des axes verticaux aux plans horizontaux de référence : fâcheux pour les révérences d'antan, excellent pour l'autopromotion. C'est la fonte des glaces. Ça coule de partout. La photo de groupe en prend pour son grade. L'autoportrait sur Facebook (voire le *me.jpg* sur Google) supplante l'album de famille ; la meilleure expo photo n'est pas celle qui montre des photos mais où l'on peut venir se photographier soi-même. D'où un milieu ambiant qui débine, déboulonne et dézingue à tout va ; et où le vieil adage *res mobilis, res vilis* s'est retourné en son contraire, chose immobile, chose vile. Que l'on ne s'étonne pas si l'ombre d'un père Fouettard ou d'une mère castratrice se profile derrière

Sacrifices d'Épinal

En avant, en avant! *(Moreau de Tours, 1889). Bataille de Frœschwiller, 6 août 1870*

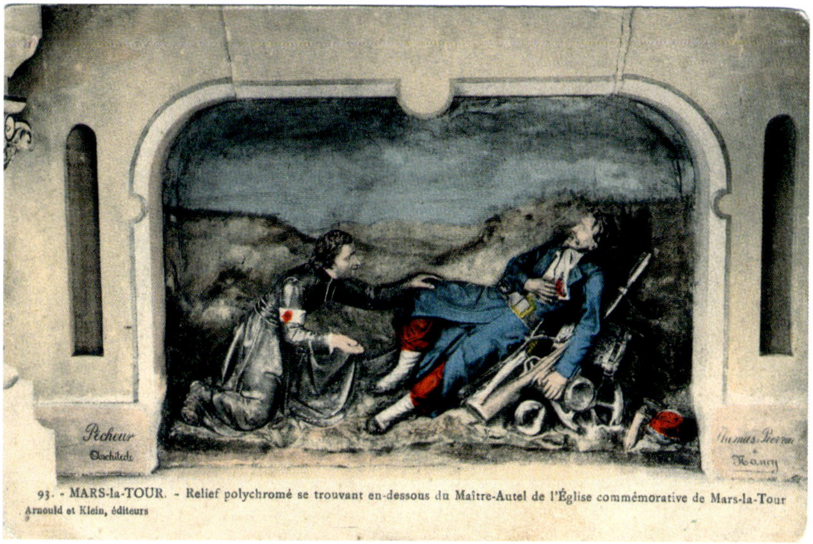

Bataille de Mars-la-Tour, 16 août 1870

Bataille de Loigny, 2 décembre 1870

quiconque vient nous parler de compléter nos droits individuels par un devoir suréminent.

La *success story* de l'Occident, depuis Galilée, est celle d'une profanation méthodique, d'un palier l'autre. De l'univers physique par la science, l'astrophysicien chasse l'astrologue ; le médecin, le prêtre ; le chimiste, l'alchimiste ; et le bulletin météo, le présage de l'augure. De l'univers social, ensuite, par le calcul d'intérêt et le libre arbitre, économique et politique. Inutile d'épiloguer. Nietzsche a dit l'essentiel.

Comment avons-nous pu vider la mer ? Qui nous a donné l'éponge pour effacer l'horizon tout entier ? Qu'avons-nous fait, de désenchaîner cette terre de son soleil ? Vers où roule-t-elle à présent ? Vers quoi nous porte son mouvement ? Loin de tous les soleils ? Ne sommes-nous pas précipités dans une chute continue ? Et cela en arrière, de côté, en avant, vers tous les côtés ? Est-il encore un haut et un bas ? N'errons-nous pas à travers un néant infini ? Ne sentons-nous pas le souffle du vide ? Ne fait-il pas plus froid ? Ne fait-il pas nuit sans cesse et de plus en plus nuit ? Ne faut-il pas allumer les lanternes dès le matin ? N'entendons-nous rien encore du bruit des fossoyeurs qui ont enseveli Dieu ? [...] Dieu est mort ! Dieu reste mort ! Et c'est nous qui l'avons tué.

Friedrich Nietzsche, *Le Gai Savoir*, trad. Pierre Klossowski, Le Club français du livre, 1957.

Arrêtons-nous seulement sur l'écosystème actuel.

Plutôt ingrat.

En vidéosphère, où il faut se rendre visible pour « exister », même les machinistes doivent travailler à vue. Se tenir sur la réserve, à couvert, c'est louche. On ne se cache que pour mourir

L'époque est par ailleurs plus protestante que catholique ; et les réformés, en matière sacrale, comme pour le reste, ont le sens de l'économie. Trois sacrements plutôt que sept ; on s'épargne les vénérables, bienheureux et saints, domaine où la Congrégation romaine dépense sans compter (mille soixante-sept, à ce jour, d'après certains computs); on désencombre les lieux de culte. La sacralité protestante n'est pas dans la maison de prière [>] à la froide lumière, sans reliquaires ni vitraux, sans statues ni sculptures. Une table en guise d'autel, pas de présence réelle dans l'hostie, donc pas de tabernacle. Foin du décorum, seul compte le cœur des justes, plus que leurs gestes et leurs accoutrements. Austérité, efficacité, individualité.

>

Au primat de l'individu sur le groupe, qui est le génie de l'Occident, et sa force d'attraction planétaire, s'ajoutent en ce qui nous concerne les troupes de choc de la remise à zéro.

Voracité inouïe du marché. L'argent liquéfie les solides, fragmente les corpus, titrise les stocks, et se croit, à raison, tout permis. Il coupe les arbres pour faire de l'immobilier et transforme le sport en business. Il viole la règle de l'inaliénabilité des fonds patrimoniaux, et l'État refile mine de rien les monuments historiques, ce boulet, au privé, pour des « son et lumière » lucratifs. Il s'en est fallu de peu que l'hôtel de la Marine [>], place de la Concorde, ne devienne un palace cinq étoiles, et la Grèce sera peut-être conduite à vendre le Parthénon. L'argent maître met les marchands du temple non plus sur le parvis mais *dans* le saint des saints, avant de vendre le temple lui-même, à la découpe. C'est une première historique.

>

Évanescence des lieux avec les sites insituables et les adresses électroniques sans adresse. Les nuages numériques vaporisent nos points fixes, et l'on peut se demander si le cimetière lui-même, avec le devenir virtuel des traces physiques et l'hygiénisme de la mort, ne va pas bientôt rejoindre l'écomusée. Pour l'Église catholique elle-même (voir son catéchisme) le paradis n'est plus un lieu mais un état. Les rites de séparation — le mouchoir sur le quai du port ou du train, la visite à l'agonisant, la messe d'enterrement remplacée par l'absoute — font obstacle au devoir de vitesse. Plus de *Dies Irae* ni de catafalque noir à l'église, et plus de corbillard ni de fourgon mortuaire dans les rues. Et que ça saute!

Primauté du *«c'est mon choix»* sur le *«je ne peux pas ne pas»*. L'on exhibe tout ce qui se cachait, et l'on arase tout ce qui dépasse. C'est l'«âge de l'accès». Effacement des entrées de ville, lissage des rites de passage — première communion, certificat d'études, service militaire. Jusqu'au seuil symbolique du baccalauréat que compte bien aplanir le contrôle continu.

Fin de la culture de guerre. La prise d'armes, la levée des couleurs, le défilé, l'uniforme lui-même ne font plus partie du paysage, physique comme culturel. La mort n'est plus au centre de la vie, ni le cimetière au chevet de l'église. Des experts font sans rire des colloques sur la guerre «zéro mort», l'école «zéro sanction», l'industrie «zéro risque», la société «zéro fumeur». Ce n'est pas encore la vie en rose, mais la vie sans point noir. De même que l'on a plus de religion en haute montagne ou au bord de l'océan qu'en plaine et à l'abri, et que c'était en période de peste ou de sécheresse, jadis, que se multipliaient processions de suppliants et statues miraculeuses, c'est la calamité publique ou la situation exceptionnelle qui font surgir de sa boîte la verticale perdue ou barrée. L'empereur quasi invisible du Japon apparaît sur les écrans après Fukushima. Staline en appelle à la Sainte Russie et remplace le «camarades» par «amis, frères et sœurs» le jour où la Wehrmacht a le Kremlin en ligne de mire. Et les Français à la dérive après la débâcle de 40 quêtent le point d'amarre et sacralisent qui le Maréchal, qui le Général. Remède à la zizanie suicidaire ou à la panique face au précipice, on désemmaillote sainte Geneviève, Lazare Carnot et Clemenceau. Mais le retour du refoulé épargne les «puceaux de l'horreur».

Tant que les décours suivent leur cours, inutile de sortir les saints patrons de leur naphtaline. Ni de faire reluire les vieux bijoux de famille pour nous consoler d'un «morne univers à l'horizon plombé». La sauvegarde des rives de la Seine entre Yvetot et Caudebec est un bon service rendu à la communauté mais qui n'exige pas de sacrifices excessifs. D'ailleurs, l'Unesco a pour règle, afin d'éviter tout débordement et de ne cautionner aucune folie, de n'admettre dans sa serre que des fleurs coupées, à savoir des derviches tourneurs et des ostensions limousines dégriffées, désaffectées, arrachées à leur humus séculaire. C'est le roi de Jordanie, puissance séculière, qui a fait accepter le dossier Jérusalem, et le gouvernement chinois qui a soutenu la candidature du Potala (coupant l'herbe sous le pied du dalaï-lama, qui, en sa qualité de chef spirituel, n'aurait d'ailleurs pu solliciter l'administration des Nations unies). Notre héritage culturel est le revenant-bon d'une déshérence religieuse : nos musées se sont habillés en déshabillant les églises, et Mozart élit domicile dans la cour de l'archevêché.

Il n'est pas jusqu'aux juristes qui n'effacent le mot suspect de leurs tablettes. L'architecte, on l'a vu, dessine le sacré dans l'espace : il en fait un bâtiment. Le légiste, c'est son rôle, l'insère dans le temps : il en fait un événement. Mais désormais sans le dire. Assimilé au clérical ou au confessionnel (comme s'il avait pour seule pâture le miracle ou l'idole), le prévenu fleure l'encens, autant dire le soufre. On lui a trouvé des synonymes, comme « l'interdit symbolique fort » ou « le droit indérogeable ». C'est à l'âge des Lumières que nos droits étaient « naturels, inaliénables et *sacrés* », comme l'indique la Déclaration des droits de l'homme et du citoyen (où le droit de propriété, rappelons-le, est bel et bien sacralisé). Si l'acte constitutif de l'Unesco osait encore mentionner après guerre « les devoirs *sacrés* à remplir dans un esprit de mutuelle assistance », la Déclaration universelle de 1948 s'en tient aux « droits *fondamentaux* » de l'homme. Le terme *dignité* de la personne rallie à présent tous les suffrages (c'est par référence au « traitement inhumain et dégradant » que la peine de mort a été abolie, et la dignité, depuis 1994, est un principe à valeur constitutionnelle). On évoquera le *socle* et les *fondements*, sans trop les qualifier. La Cour européenne détaille les interdits — y compris de torturer des terroristes présumés (1978, Irlande contre Royaume-Uni) — sans trop s'appesantir sur ce à quoi ils s'adossent. C'est l'air du temps qui le veut. Renonçant au droit divin et à l'absolutisme, le roi du Maroc lui-même ne dit plus sa personne « sacrée » mais « inviolable ». Aux termes de la nouvelle Constitution, le peuple ne devra plus à Mohammed VI que respect et *tabjil*, « une attitude à mi-chemin entre la révérence et l'adoration ». Peu importe le flacon pourvu qu'on ait la génuflexion.

Procès salutaire. Les griefs sont sérieux et les ravages considérables. Ce spectre rouge et noir, ce surplomb ancestral, qui me requiert sans que j'y adhère, est une insulte à ma liberté — de conscience, de recherche, de création et de commerce. Ce bien collectif et non signé est un effet d'autorité, non un contrat mutuellement agréé. Obtus, dictatorial et prénatal, il exclut l'engagement à la carte, bafoue le volontariat autant que le droit d'auteur. Une honte pour « la capacité autonome des individus à établir entre eux les relations qu'ils choisissent ». Pas étonnant si ce genre de vénération fait bon ménage avec les États policiers — bien plus qu'avec les lois du marché. « Pas touche » — et pas de retouches. Une demande de respect qui n'a pas à s'expliquer ni de comptes à rendre ligote et ressasse. Désarme devant l'inattendu, l'imprévisible des découvertes scientifiques. Restreint les marges d'interprétation. Le mort saisit le vif et bloque toute avancée. Un ordre biologique reçu en réceptacle du souffle de Dieu (sous le nom d'Évangile de la Vie, pour lequel la vie de chaque individu est sacrée) n'a-t-il pas vu dans la contraception (l'encyclique *Humanae vitae*, 1968) un sacrilège ? Il vient encore d'empêcher au Parlement français toute révision sérieuse des lois de la bioéthique (2011) : la recherche sur les cellules souches embryonnaires (sauf dérogation), l'homoparentalité, la levée de l'anonymat sur les dons de gamètes, et la légalisation de la gestation pour autrui. L'interdit jeté sur la mère porteuse, venant d'une religion abrahamique, suscitera l'étonnement. Un peu de mémoire, Éminences ! Sarah n'a-t-elle pas procédé, avec sa servante Agar, à une location d'utérus pour son époux Abraham ? Avec l'aveu de son patriarche de mari ? À croire qu'exclue de l'espace public, la hiérarchie catholique cherche à se revancher sur la cellule de base, la famille, en soustrayant cet espace privé aux lois dont l'homme peut décider seul et librement. Histoire de garder la main ? Qui sacralise rêve au fond d'une fin de l'Histoire. Qui désacralise remet en marche la fabrique de l'humain. Toute sacralité trop haut perchée peut être dite intolérable parce que intolérante. Exclut le débat, monte aux extrêmes et dérobe au jugement critique les critères du bien et du mal. Quand ce n'est pas l'excuse absolutoire de l'ignoble, c'est l'alibi de l'arbitraire et l'abri du réactionnaire. En un mot : tout ce que notre marche en avant a dû jeter bas depuis l'affaire Calas — deux siècles et plus.

Accusé, levez-vous. Que de sang absurdement versé pour la conquête ou la défense d'une esplanade **[>]**, d'une flèche irréprochable ou d'une ligne bleue des Vosges ! Que de crimes pour faire expier un sacrilège ! Combien d'imbécillités pour punir un blasphème ! Le livre noir du leader charismatique au XXᵉ siècle en découragerait plus d'un d'y revenir jamais **[pl. 20]**. Ô grands timoniers, démiurges fatidiques, génies phosphorescents, mégalomanes bâtisseurs de ruines ! Le nazisme, en sacralisant le sang, la terre et les morts avec des rituels païens (et parfois calqués sur les chrétiens), a certes décuplé les énergies combattantes du soldat allemand mais aussi son être-pour-la-mort dans la défaite (la moitié des cinq millions de militaires allemands tués dans la dernière guerre l'ont été entre juillet 1944 et mai 1945). Au vu des querelles de boutique qui déchiraient la belle phalange républicaine après l'affaire Dreyfus, Péguy se lamentait de voir la mystique déchoir en politique. Il y voyait, à raison sans doute, l'effet d'une loi générale de retombée des énergies. Si l'on songe aux tueurs, aux tués, mutilés ou blessés que fait lever ou tomber ce genre d'exaltation collective, on serait plutôt tenté d'épouser la cause du politicien sans cause.

>

Nos gens de loi, soyons francs, n'ont pas été les premiers à s'insurger contre ce sacré sacré. Sa mauvaise réputation ne date pas d'hier. Suspect, il l'est ancestralement pour cause d'ambivalence (*auri sacra fames* : la maudite soif de l'or). Et pour sa trop grande proximité avec l'exécrable et le honteux (le *sacrum*, ou les cinq vertèbres sacrées situées au bas de la colonne vertébrale, comme le muscle sacro-lombaire, relie la nuque à l'anus). Son poids de chair n'en a jamais fait l'ami des grands spirituels, Bouddha, Épicure ou Jésus-Christ. L'âme impolluée

Mythes d'aujourd'hui…

… mystifications d'hier

n'aime pas s'assujettir à des lieux, des gestes et des accessoires qui lui coupent les ailes. Les inspirateurs (involontaires) des grandes religions du salut n'eussent certes pas souscrit, si elle avait pu leur être soumise, à la définition reçue en l'école de la religion comme « un système solidaire de croyances et de pratiques relatives à des *choses* sacrées » (Émile Durkheim). Les cultes spiritualisés, sans feu ni lieu, où c'est la foi qui déplace les montagnes et non l'inverse, et pour lesquels il ne peut y avoir de lieu plus haut qu'un autre, leur ont même, à ces *choses*, déclaré la guerre. Ils ont dénoncé le culte des sources, des grottes ou des montagnes magiques. Jésus exhorte à adorer Dieu « en esprit et en vérité », sans temple, sans prêtre, sans ordination, sans dîme ni reliques, sans arche ni Terre saintes. Sa cité spirituelle hors sol déboute le pèlerinage autant que le prélèvement obligatoire. Le Nazaréen a joué le « je crois » contre le « nous devons », la foi personnelle contre le tabou collectif. Il a rêvé d'une mémoire sans lieux. La dissidence chrétienne fut précisément d'avoir substitué à la *sacralité*, qui est à l'extérieur, la *sainteté*, qui est de l'intérieur. Mutation hautement bénéfique puisqu'elle devait plus tard permettre à la physique mathématique, à la Renaissance, de s'emparer d'un cosmos neutralisé, où la divinité ne traînant plus parmi les sources et les bosquets, il n'était plus sacrilège d'y mettre du chiffre et de l'équation. Mais qu'advint-il, après le Golgotha, de la subversion évangélique du sacré ? La subversion de l'Évangile par le sacré. Infini confiné, errants réorientés, pulsion pèlerine satisfaite. Les maisons-Dieu ont rattrapé après coup celui qui a maudit le Temple. Il s'est édifié en son nom des Sacré-Cœur et des grottes miraculeuses (« Lourdes, la revanche du Diable sur la Sainte Vierge »), des basiliques sanctifiées par des tibias, tombes de Pierre et de Paul, objets liturgiques en or, argent et lin, sans compter une *hiérarchie* de clercs et bientôt des ordres monastiques au portail fermé et faisant vœu de stabilité, quand Jésus était sans domicile fixe. On refusait Jérusalem, on aura Rome. Les calvinistes refuseront Rome. Ils auront Genève. Les mormons refuseront Genève et l'héritage calviniste. Ils auront

Salt Lake City **[>]**, la « nouvelle Sion ». Rien n'échappe à l'attraction d'une racine, fût-elle inventée après coup. Si le pèlerin ne plante pas le bourdon quelque part, si le Saint-Esprit ne jette pas l'ancre, il devient invisible et ne peut plus rassembler, ni créer une communauté, laissant ses adeptes sans amer ni boussole. Leur bateau ivre ferait vite naufrage. Victor Hugo a saisi d'un trait la loi de gravitation monumentale : « Dieu, cela n'est pas tant que ce n'est pas en pierre. Il faut une maison pour mettre la prière. » On ne creuse pas de fondations dans les nuages. *Dura lex sed lex.* Ce n'est pas l'Ascension qui est à fêter, mais l'atterrissage des spiritualités, notre vrai livre de sagesse.

>

Résurgences

Splendeurs possibles, misères probables. Mais s'il ne s'agissait que d'un corset de fer nous empêchant de respirer, le sacral serait déjà retiré de la circulation, comme les ceintures de chasteté. Ne soyons pas dupes de la mauvaise saison. Chassées par le portail des institutions autorisées, les sacralités reviennent à pas de loup, se faufilant sous cent masques divers. En force et en nombre, sinon en titre.

L'épuisement des dogmes établis a chez nous mis à mal le sacré d'ordre, et celui des mythes de convocation populaire sérieusement compromis le sacré de communion. Ce double reflux a poussé sur nos côtes un sacré de rechange, hirsute et intimiste, gentiment anar, aux prémices venues de Californie, berceau, avec la *Beat Generation* des années 1960, d'un *flower power* au panthéisme festif. *Holiness* partout, dans le sexe, les fleurs et le cannabis — un peu partout, c'est-à-dire à terme nulle part.

Holy! Holy! Holy! Holy! Holy! [...]
The world is holy! The soul is holy! The skin is holy!
The nose is holy! The tongue and cock and hand and asshole holy!
Everything is holy! Everybody's holy!
Everywhere is holy!
Every day is in eternity!
Every man's an angel!

Allen Ginsberg, *Footnote to «Howl»*, Christian Bourgois, 2005.

Plus digne de respect et d'étude est le « souffle sacré » **[>]** qui entre par l'est avec les nouvelles spiritualités venues d'Asie, zazen, yoga, tai-chi-chuan, feng shui (la géomancie chinoise). Aux déprimés de l'abondance, aux fatigués de la modernité, aux petits derniers de la famille Descartes, ces arts de vivre et de guérir promettent longévité, énergies positives, et retrouvailles avec l'origine. Sur un marché spirituel en plein essor, la section « développement personnel » offre à maints philosophes en rupture de ban une clientèle élargie, tant la soif est grande de ces cocktails psycho-mystiques, mélanges de bonnes nouvelles (amour, bonheur, beauté, etc.) et de régimes amaigrissants. On peut s'étonner de voir des écoles orientales de déprise enrôlées au service de « la réussite dans la vie », et les religions du cosmos, tao, vedanta et dharma, pour lesquelles le divin, c'est le non-moi, venir alimenter les éthiques locales pour lesquelles il n'est qu'un dieu, soi : étrange court-circuit que le branchement en direct d'un ludion désancré sur les pulsations telluriques, mais nul ne contestera les bienfaits de cette ouverture sur le grand large. Il s'agit là d'un sacré *clean* et aseptisé, solaire et chlorophyllien, évacuant le tragique, riche en aménités, suscitant de belles aventures intérieures ou des autarcies d'élus, sans ambition historique **[pl. 21]**. Un sacré de repli, de repos et de retour à soi. En parfait accord avec l'actuel renversement qui dégrade l'institué (école, famille, armée, académies, etc.) pour célébrer l'individu comme instituant.

>

L'arrivée de cette roue de secours dans nos âmes et nos assiettes, émergeant de hauts plateaux qu'auréole la distance, voyons-y l'avantage collatéral non d'un effondrement mais d'un glissement de terrain sur le petit cap de l'Asie.

L'Occident moderne sacralisait le héros. Qui pouvait se faire passer pour tel devenait intouchable. (Et il y eut des héros léonins. Toutes les croix de guerre n'étaient pas blanc-bleu.)

Aujourd'hui, il sacralise la victime. Qui se fait passer pour tel est tiré d'affaire. (Et il y a des victimes abusives. Tous les enfants, toutes les personnes agressées ne disent pas la vérité.)

Ce que l'on avait tendance à escamoter tend à s'exhiber. Le souffre-douleur vole la vedette au fier-à-bras. La minorité qui est plus victime que l'autre devient la plus exemplaire, comme si la reconnaissance sociale devait se mesurer au quantum de souffrances endurées. Étrange course aux humiliations — et aux réparations —, où doléance finit par rimer avec préséance.

En France, on n'a jamais tant bâti de mémoriaux, célébré d'anniversaires, cloué de plaques commémoratives et planté de palettes dans les rues qu'aujourd'hui. Comme si notre soif d'autorités charismatiques était inextinguible (au point de se contenter d'un rien). Comme si la demande sociale précédait et suscitait l'offre de vénération. Comme si quelque chose en nous ne cessait de soupirer après le toucher des écrouelles.

Si tu viens n'importe quand, je ne saurai jamais à quelle heure m'habiller le cœur... Il faut des rites.
— Qu'est-ce qu'un rite ? dit le Petit Prince.
— C'est aussi quelque chose de trop oublié, dit le renard. C'est ce qui fait qu'un jour est différent des autres jours, une heure, des autres heures. Il y a un rite, par exemple, chez mes chasseurs. Ils dansent le jeudi avec les filles du village. Alors le jeudi est jour merveilleux ! Je vais me promener jusqu'à la vigne. Si les chasseurs dansaient n'importe quand, les jours se ressembleraient tous, et je n'aurais point de vacances.
Ainsi, le Petit Prince apprivoisa le renard.

Antoine de Saint-Exupéry, *Le Petit Prince*, Gallimard, 1945.

La culture universitaire en a fait son point aveugle (dans l'index des notions, quelque deux cents, des *Dits et écrits* de Foucault, pas de place pour « sacré »). La populaire persiste et signe. Ouvrons le journal

Solaire et chlorophyllien >

de ce matin. En une, un poète révolutionnaire mexicain apostrophe les gouvernants de son pays (laïcité de rigueur) : « Ne vous rendez-vous pas compte que vous êtes en train de briser ce que nos institutions républicaines ont de plus *sacré* ? » Page suivante, on apprend que tel violeur présumé s'en est pris au principe *sacré* du consentement mutuel. Au verso, une lettre de lecteur fait reproche à un journaliste de vouloir *désacraliser* la fonction présidentielle. Trois pages, trois occurrences. Le surlendemain, un supposé libre-penseur sermonne publiquement un libertin. La Shoah, explique-t-il, doit rester quelque chose d'ineffable, d'incommensurable et d'incompréhensible. Interdite de représentation ou de mise en fiction (sauf à profaner), interdite d'explication parce que échappant à l'intelligence (sauf à excuser) et, bien sûr, interdite de comparaison (sauf à banaliser). La théologie négative, on le voit, survit fort bien à la mort de Dieu.

L'édifice judiciaire aussi retrouve ses marques. Les villes nouvelles ont bien tenté d'édifier des « maisons du droit de l'homme » dignes d'une justice maternante et sympa, largement ouvertes sur la vie, mettant le justiciable au centre des préoccupations (comme l'enfant au centre d'une école devenue elle aussi « lieu de vie »). Des « cités sociojudiciaires », sans glaive ni balance ni grand escalier, au niveau de la voirie, le béton brut ou le parement agrafé remplaçant la pierre ou le chêne sombre, genre tour de bureaux ou compagnie d'assurances. Cette vogue fonctionnaliste (années 1970) a tourné court. Dédramatisé, opposant le souriant à l'austère et le transparent à l'opaque, ce tenant-lieu administratif a suscité chez les justiciables un malaise certain. Les maîtres d'ouvrage soucieux d'« atténuer les barrières d'ordre psychosociologique entre magistrats et justiciables » avaient oublié qu'un palais de justice n'est pas une aérogare. Et que l'acte de juger ne fonctionne pas à la proximité mais à la distance, à froid et non à chaud. Même si les hommes pressés qui nous gouvernent détestent perdre leur temps, le quidam exige de la ritualité et des formes, non quoique mais parce que privé d'autels. Le plain-pied et le mur de verre abaissent et précarisent. Une justice — comme une politique et une éducation — sans mise en scène n'en est plus une. Cela devient un règlement de compte ou un troc de circonstances. Le spectacle fait la civilisation. La force brute le détruit. L'antispectacle ouvre la porte à la barbarie.

L'épithète a roqué. De nos jours, elle se place couramment avant le nom. L'antéposition adoucit. Sacré farceur ! Sacré menteur ! Synonymes : bougre, fieffé, parfait (coquin). Nous chassons le morbide par le potache, le gouailleur, le bouffon. Et quand l'adjectif reprend sa place après le nom, c'est le plus souvent en mauvaise part. Synonymes : élitiste, prétentieux, antidémocratique (« faire du musée un temple sacré, difficile d'accès à ceux qui n'appartiennent pas à la caste des privilégiés »). Mais crise n'est pas rupture. La désacralisation totale et définitive, l'équivalent moral du rhétorique « désarmement général et complet », avancera avec le marcheur incrédule : toujours souhaitée, jamais atteinte. Seul un point de mire en amont ou au-dessus (telle la goutte de néant dont parlait Mallarmé et qui manque à la mer) permet à un agrégat circonstanciel de *faire cité*, en passant de l'invertébré à l'organisé. Quel pays n'a pas d'emblème, de jour férié, de plat, d'hymne et de fête nationale, de monument aux morts et d'armoiries propres ? Tous les corps ont une tête, toutes les nations, une capitale (de *caput*, la tête), et toutes les capitales un terre-plein central, avec emmarchement et petite grille, où le président, le roi, le télécrate ou le businessman couronnés viennent au moins une fois l'an prononcer leur harangue et déposer une gerbe. Y compris aux îles Tonga et au Sud-Soudan. Pas d'inquiétude. C'est dans le programme. Cela peut se tourner autrement : on ne connaît pas de société ayant pignon sur rue qui ne repose sur un interdit. L'inceste, par exemple. Et l'Égypte pharaonique (« ma sœur-épouse, mon armée »), où près d'un quart des mariages, semble-t-il, se concluaient entre frères et sœurs, en avait d'autres, tout aussi contraignants.

C'est ici que ressurgit dans un rôle ancien un acteur nouveau, le juriste, théologien à l'état laïque, désormais mieux habilité que le législateur à traduire une vision du monde en usage du monde, sans pathos inutile. À lui de tracer la ligne sèche entre l'acceptable et l'inadmissible. Le licite et l'illicite. Entre la libre critique et l'injure. Malgré le privilège d'impunité réservé aux artistes (pour lesquels il n'y a qu'un principe indérogeable, la liberté de créer, un seul sacré, le leur), malgré notre intolérance à la censure (notre société remplace l'interdit formel par le conditionnement quotidien), rappelons que le juge européen vient d'établir «le droit à la jouissance paisible de la liberté de religion» (1994). Le terrain meuble du jugement moral s'est durci en jugement tout court. On met les bouchées doubles. Le crime contre l'humanité vient de se flanquer d'un «crime contre l'espèce humaine», la *sélection eugénique* et le *clonage reproductif* humain. Faut-il rappeler le respect de la vie privée, la protection des mineurs et tous les abus définis par la loi, l'incitation à la haine raciale ou religieuse, l'injure et la diffamation, le propos sexiste, homophobe, judéophobe, islamophobe, etc. ? On a rarement fait aussi comique que le «il est interdit d'interdire», qui eût engendré une drôle de tragédie s'il n'était par chance resté à l'état de graffiti. Conseillons la prudence aux *outlaws* s'ils veulent vivre en paix, même dans un pays comme le nôtre, où la censure préalable a disparu, comme la commission de contrôle du cinéma, qui rebaptise les policiers de l'été en *médiateurs des plages*, et où l'ancien *censeur* du lycée d'antan s'est mué en *proviseur adjoint.* Nous qui ne brûlons plus de cierge devant saint Hugues ou sainte Sandrine, nous ne perdons un interdit ou une vénération que pour en retrouver d'autres, beaucoup d'autres, à commencer par le désormais sacro-saint devoir de mémoire.

Tout semble pousser la France à devenir «ce vaste musée d'antiquaille» que redoutait Marc Bloch en 1940. Dieu, la Nation, la République, la Révolution : les majuscules qui nous ont l'une après l'autre reliés à la notion de sacrifice (Bloch : «plutôt que l'inutile honte, le sacrifice fécond») ne s'écrivent plus en lettres de sang — du nôtre, s'entend — mais en caractères d'imprimerie sur des bristols invitant à des colloques, débats, expositions, commémorations, tables rondes et rétrospectives sans conséquence aucune sur la vie des participants. Les anciennes réalités se résorbent dans leurs signes, le vécu tourne au sujet de réflexion, la pratique *de* en discours *sur. Eppur si muove*... Et pourtant il bouge! En France, les procédures judiciaires pour outrage ont presque doublé en l'espace de dix ans. L'Éducation nationale emmène chaque année les enfants des écoles en pèlerinage à Auschwitz **[>]**. La *Direction de la mémoire, du patrimoine et des archives* du ministère de la Défense n'a jamais été plus mobilisée, comme la *Délégation aux célébrations nationales.* L'histoire est une, la mémoire affective, multiple. Le remplacement du roman pour tous par une mémoire pour chacun n'abolit pas mais démultiplie l'interdit et accroît l'insécurité. Les vigilants font la ronde, jour et nuit, criant à la profanation au moindre mot, au moindre trait. La gestion du sacré, à l'échelle nationale, se privatise en même temps qu'avec Internet la surveillance se mondialise, ce qui transforme une caricature de Mahomet, bénigne au Danemark, en une grenade dégoupillée, qui fait des morts au Pakistan, en Égypte et en Libye. Censures, tabous, autocensures ont la part belle, obligeant les caricaturistes les moins timorés, comme chez nous Plantu, à savoir jusqu'où ne pas aller trop loin, dans la conscience que leur crayon est un bâton de dynamite. Et que l'anodin des uns peut être le sacré des autres. Ce sens de la responsabilité, au reste, stimule l'invention, la ruse étant la plus vieille amie du talent **[pl. 22]**.

>

Évacué le crime de lèse-majesté, avec l'offense aux chefs d'État étrangers comme au président de la République, voici le nouveau délit d'outrage à *La Marseillaise*, s'il est commis en réunion « au cours d'une manifestation organisée et réglementée par les autorités publiques ». Les pays voisins, Espagne, Italie, Allemagne, vont d'ailleurs plus loin puisqu'ils étendent l'incrimination jusqu'à l'outrage aux drapeaux étrangers. La loi de 1972 contre le racisme a été étendue à la propagande « révisionniste » et maintenant au délit de banalisation ou de

« Frôler sans blesser »

Religion La crise provoquée par la publication de dessins représentant Mahomet s'exacerbe

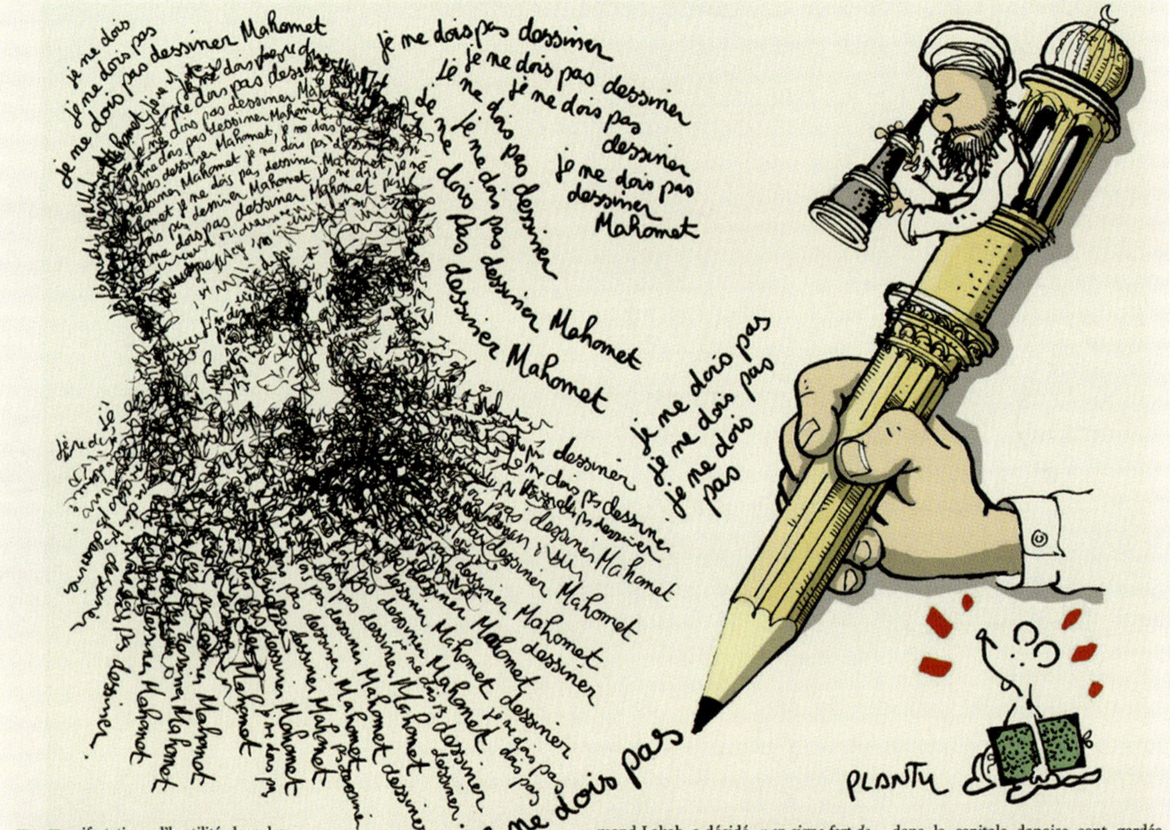

Manifestations d'hostilité dans les pays arabes, protestations, partout dans le monde, des musulmans et de leurs autorités politiques ou religieuses, controverses dans la presse autour de la liberté d'expression, du droit à la caricature et de ses limites : les dessins satiriques, représentant le prophète Mahomet, publiés initialement en septembre 2005 par un quotidien danois alimentent une agitation internationale croissante.

Tout ou partie de ces dessins ont été republiés dans divers périodiques ou journaux de plusieurs pays : Norvège, Allemagne, Espagne, Italie, Pays-Bas, Suisse... En France, après la publication de ces caricatures dans le quotidien *France Soir* du mercredi 1er février, son propriétaire, l'homme d'affaires franco-égyptien Raymond Lakah, a décidé, *« en signe fort de respect des croyances et des convictions intimes de chaque individu »*, de révoquer le président et directeur de la publication de ce journal, Jacques Lefranc.

Au Danemark, pour la deuxième fois en 48 heures, les locaux du quotidien *Jyllands-Posten*, qui a publié le premier les douze caricatures litigieuses, ont fait l'objet d'alertes à la bombe à Copenhague et à Aarhus. Les bâtiments du journal situés dans la capitale danoise sont gardés.

Le Monde donne la parole à plusieurs dessinateurs de la presse française et libanaise. « *Je trouve dangereux ceux qui veulent interdire ces dessins, surtout quand on sait de quoi ils sont capables* », estime le caricaturiste Marcel Gotlib. « *Je traite de tout, mais dans le respect des croyances* », explique Pierre Sadeq. ■

LIRE PAGES 3 ET 5
ET NOTRE ÉDITORIAL PAGE 2

L'interdit, ça me booste, ça me porte encore plus loin. Parce qu'il y a une manière de présenter les choses et de choisir ses outils, comme le dentiste ses instruments, pour ne pas faire trop mal. Mahomet ? Il suffit de flouter la tête.
Le Danois Carsten Graabæk propose d'échapper à tout interdit concernant la représentation de Mahomet en floutant son visage.
Un soldat israélien ? Je le dessinerai, le cas échéant, avec un petit feutre fin, sans rouge ajouté ; alors que j'utiliserai volontiers le gros feutre qui tache pour représenter le milicien serbe.
Et si l'on s'en prend à des fondamentalistes, mieux vaut mettre imam, rabbin, et évêque ensemble dans le même lit.
Et puis pour éviter les susceptibilités, il est préférable ne pas revenir sur le même sujet dans la même semaine s'il n'y a pas d'actualité.
Il faut contourner, frôler, mais non blesser. On joue une partie d'échecs, il faut avoir deux coups d'avance, imaginer et prévenir les répercussions possibles, ailleurs (le Web et les blogs veillent).
Sans se regarder le nombril, ne faisons pas de l'Europe le Saint-Germain-des-Prés de la planète. L'autocensure, je la revendique, mais ce qui me fait le plus peur, c'est la peur des rédacteurs en chef.

Jean Plantu, conversation avec l'auteur, *Cartooning for Peace*, Caen, 2011.

complicité de banalisation du génocide (décision-cadre introduite par la France auprès des instances européennes). La loi Gayssot, qui sanctionne la contestation des crimes contre l'humanité, puis la loi sur « l'esclavage et la traite négrière », en attendant les suivantes, donnent un coup de jeune au sacrilège. Voilà que nous sommes passés, à notre insu, de l'*autorité de la chose jugée* (à Nuremberg, en 1946) à la sacralisation implicite d'un verdict[1]. L'autorité d'un jugement est toujours passible d'une procédure de révision, en cas d'éléments nouveaux. Un texte sacré ferme le ban.

Inutile d'incriminer les gens de justice. Ils font de leur mieux pour freiner les envies de pénal. La demande d'ordre moral vient des groupements de particuliers — de la société dite civile et qui l'est si peu ; des députés eux-mêmes (propositions de loi) ; des associations loi de 1901. Ce sont elles qui déposent plainte pour obtenir le retrait de la voie publique d'une parodie de la Cène, d'une croix gammée pour un film sur Pie XII, ou encore, d'un musée d'art, la photo d'un crucifix trempé dans l'urine au motif qu'ils « détournent à des fins commerciales une scène sacrée » et qu'ils « blessent les convictions intimes d'une large fraction de la population **[<]** ». Rétive intimité. Viscérale et remuante. Manque d'humour, mais tient au corps. Ce à quoi n'avaient pas pris garde nos grands cousins du siècle des Lumières, qui, séparant avec un bel optimisme l'esprit d'avec le corps et surestimant l'emprise de notre cervelle sur nos tripes, ont ignoré l'inframonde ténébreux, aussi grégaire qu'insociable, des *convictions*. Ils ont posé en principe la liberté d'*opinion*, « même religieuse ». Louable intention. Sauf que la religion n'est pas affaire d'opinion, pas plus que la politique quand elle descend dans la rue et tire à balles réelles. Ce serait trop beau. L'instruction publique aurait mis depuis belle lurette toutes nos folies au pas. Et nos maîtres d'école, au grand dam des excités de l'espoir et du désespoir, resteraient les maîtres du jeu. Ce serait le règne impassible du tableau noir ! Il n'est pas advenu.

<

1. Pierre Nora, Françoise Chandernagor, *Liberté pour l'histoire*, CNRS Éditions, 2008.

Où était l'erreur ? Dans le fait de réduire une *conviction* à une *opinion*. On ne courrouce pas une opinion quand on la contredit. Elle ne saigne pas si on l'égratigne. Opinion innervée de sensibilité, allergique et rétractile, hyperréactive, la bonne conviction se moque du bon raisonnement. Elle n'opposera pas un argument à un autre, elle poussera un cri de détresse et rameutera le voisinage. Débat oiseux. Les entrailles ont leurs raisons que la raison ne connaît pas. *Right or wrong, my country*. Loyauté souffrante envers les miens et fidélité furibarde aux géniteurs. Ma mère avant la justice. Ce qui touche aux émotions comme aux appartenances déjoue l'intelligence. Incompréhensible parce que vraiment *trop bête*. Précieuse bêtise, qui nous aide à comprendre. Quoi ? Peut-être pas « l'épouvantable inutilité d'expliquer quoi que ce soit à qui que ce soit » (l'auteur des *Fleurs du Mal* noircit le tableau). Mais le fait que l'animal doué de raison se double d'une sacrée bête fauve, qui ne dort jamais que d'un œil. Entre deux *business-plans*, il lorgne la voisine d'en face, un morceau de choix, et se demande comment casser la gueule au techno-paradeur du dessous, qui lui crève les tympans.

Il y a en France, malgré la loi sur la liberté de la presse (29 juillet 1881), toujours en vigueur, autant de choses dont on n'a pas le droit de plaisanter, même au second degré ; autant de sujets qu'un caricaturiste s'interdit d'aborder en 2010 qu'en 1910. Ce ne sont pas les mêmes : le secret du sexe, par exemple, est levé, côté pornographie, plus rien à cacher. La désertion au front ou l'intelligence avec l'ennemi également, faute de front et d'ennemi. L'offense aux bonnes mœurs et à la morale, les troubles à l'ordre public, l'atteinte au bon goût et au moral des armées sont peut-être à la remise, mais la photo litigieuse, « l'injure commise envers un groupe de personnes en raison de leur appartenance à une religion ou une ethnie », le non-respect de la vie privée, la diffamation, la dénonciation calomnieuse, le propos sexiste, etc., donnent à notre 17ᵉ chambre correctionnelle de quoi remplir amplement son année judiciaire. Et n'oublions pas que le droit de chacun d'aller et venir sur la voie publique sans subir d'intrusion agressive ou de provocation illégitime, reconnu par la loi, exige une certaine neutralisation des lieux publics, qui doivent être accessibles à tous sans que la sensibilité du passant soit atteinte ou outragée. Vaste programme…

L'extension du domaine protégé doit-elle alors se lire comme un vain château de sable, face à l'inexorable avancée des remises à plat ?

Distinguons bien l'essentiel de l'accessoire.

Quand le tout-technique redouble de puissance, et le tout-marché de « solutions innovantes » et de « projets créatifs », c'est alors qu'il importe de préciser ce qui n'est pas techniquement manipulable ni marchandable ni révocable au gré d'un chevalier d'industrie.

Barrages contre le Pacifique, peut-être, mais ces garde-fous valent bien quelques sacrifices.

Contre la cupidité qui fait tache d'huile. Le placenta s'achète, les anticorps aussi et les tissus fœtaux. Va-t-on mettre les embryons en vente ? *Genome Corporation* entend commercialiser des séquences génétiques. Va-t-on attribuer une propriété privée à une espèce vivante ? Ne doit-on pas déclarer la nature inappropriable, même si l'on peut techniquement la décomposer et la manipuler avec un outil industriel ? Et refuser par principe l'achat d'un œil ou d'un foie par petites annonces ?

Contre la loi de la jungle. Identifier et consolider un bien commun au-dessus d'un maquis d'intérêts particuliers serait-il un combat d'arrière-garde ? Une tentation totalitaire, le point focal ? Et comment, sans foyer de convergence, surmonter ici les petites misères de la vie en commun et, là, le recroquevillement dans l'alvéole ?

Contre une science au risque des sans-conscience. Faut-il concéder à la connaissance — ou à l'expérimentation à des fins cognitives — une valeur supérieure à la personne ? Si l'on met fin au principe d'indisponibilité de notre corps, les médecins SS ou japonais qui menaient leurs expériences sur des déportés ou des prisonniers en vie ne deviendraient-ils pas des pionniers méconnus ? Libéré de la prison du corps, l'ovocyte permet toutes les manipulations génétiques. Le clonage reproductif est ou sera bientôt scientifiquement possible, et des « Dolly » [<]

bipèdes programmés à la carte sont au bout du chemin consistant à appliquer la transgénèse à l'espèce humaine. Faut il accepter la fabrication machinique de l'être humain ? Sa dé-différenciation ? Le renoncement à l'indétermination vitale, qui fait de tout petit d'homme une imprévisible singularité ?

Contre un présent devenu obèse dans une démocratie de l'instantané, en phase avec la *flashmob* et le référendum-minute mais désaccordée d'avec son histoire, et où, urbanité oblige, les trois générations ne vivent plus sous le même toit.

Le sacré a au moins ce mérite : recoudre ce que le temps déchire. Oui, il y a des abus de sacralité comme il y a des abus d'autorité. Il y a des imbéciles qui s'insurgent pour un rien et tremblent devant un rire. Il faut combattre les pudibonds féroces mais aussi sauver la transmission. Dans une société qui a un besoin vital de prévision à long terme et que la conjoncture techno-historique condamne à trottiner tel un canard décapité sous le fouet du sondage, ce bourreau sans merci, il n'est pas imbécile, faute d'hérédité des caractères acquis, de vouloir s'arrimer à un fil d'Ariane comme gage ténu de continuité, en faisant comme si (puisque, à l'échelle de l'histoire, sinon des temps géologiques, ce fil d'or durera ce que durent les roses).

Échelles

Que l'on ne nous demande pas, cela étant, de choisir entre le pétrifié et l'éventé. Entre le psychorigide déphasé et la girouette branchée.

Nous eussions bel et bien été au rouet s'il avait fallu opposer en noir et blanc le sacré au profane comme deux sphères impénétrables l'une à l'autre, se côtoyant sans se mélanger. Telle est la fable académique inventée au XIXe siècle par de grands sociologues sédentaires, qui ont extrapolé à partir du *mana* tahitien et du *totem* australien, sans daigner honorer de leur visite le Pacifique-Sud. Cette dichotomie faussement savante et lâchement reconduite laisserait sans voix devant la chatoyante gamme des entre-deux. Que dire alors du *spiritual* afro-américain, du gospel et du blues, qui mêlent le sacré biblique et le quotidien des douleurs, l'intime ferveur et le battement des mains, le trémoussement des corps ? Que dire des arts visuels contemporains, échos ludiques du siècle, qui aiment, et nous aussi, à se faufiler entre les lignes et à faire miroiter l'ambigu par hybridation et mixage ? C'est le plaisir du *borderline*, dont la publicité fait provende et la peinture génie, qu'elle parodie un motif religieux pour un message profane, comme Chagall, ou des motifs profanes pour un message religieux, comme Dalí. Pervers ou non, cet humour joue à déjouer les démarcations. Entre le clou du musée et le trésor de la crypte, entre le papier toilette anobli et le crucifix marchandisé, le croisement se porte comme le Pont-Neuf emballé par Christo. L'art contemporain ayant fait de la transgression des normes sa norme impérative (en dehors du blasphème, point de salut), serviettes et torchons se mélangent à cœur joie dans nos espaces les plus prestigieux, Louvre **[<]** et Versailles compris. Quitte à simplifier l'histoire diablement enchevêtrée de nos

<

créations d'art depuis un bon siècle, on pourrait, avec les seuls *ready-mades* de Marcel Duchamp, les échelonner sur une ligne continue entre deux extrêmes : la déclinaison sacrilège d'une œuvre sacralisée (la Joconde à moustaches **[>]**) et l'assomption d'un truc trivial en objet de vénération (l'urinoir en idole) **[pl. 23]**.

>

L.H.O.O.Q.

Au vrai, de même qu'il existe une échelle physique des sons et des couleurs, *modulo* leur hauteur et longueur d'onde, et une échelle des salaires dans la fonction publique (elle, peu mobile), il en est une autre, morale, des sacralités — selon le respect qu'elles inspirent ou commandent. Il y a, dans ce domaine, comme au temps des dieux et demi-dieux, du *plus ou moins*. Benoît XVI est plus sacré que le cardinal Ratzinger, et un président de la République que celui d'un conseil général, et c'est toujours, sous le rochet blanc ou le grand cordon, le même petit tas de secrets. Le toboggan entre dignités et indignités nous vaut un suspense aux cent actes divers. Voilà qui fait de tout plan de carrière une partie de poker, et d'une réussite sociale, un polar qui s'ignore : aucun épisode ne pouvant se déduire du précédent, c'est la dernière page qui décide de la première. Le bûcher des impatiences ne s'éteint pas avec la mort du héros (fonction précaire et révocable à tout moment).

Un sacré n'est pas quantifiable mais ordonnable. Il n'y a pas de *hiéromètre* (du grec *hieros*, sacré), comme il y a des baromètres et des voltmètres, et c'est bien dommage, en un sens. Un tel instrument nous dispenserait d'avoir à régler le voltage à compte propre. Les institutions, elles, ont cet instrument incorporé, sous le nom de *hiérarchie*, principal objet de leurs soins et anxiétés. Les religieux catholiques, en particulier, avec leur expertise quant aux degrés, échelons et niveaux, avec leurs hiérarchies d'ordre (évêques, prêtres, diacres, etc.) et de juridiction (pape, évêque, curé), font d'incomparables bâtisseurs. Les anges eux-mêmes forment une cohorte à neuf grades, comme un corps d'armée. Les cultes sont de dulie (vénérer) ou de latrie (adorer). Et nul ne sera inscrit sur la liste des saints s'il n'a pas d'abord été vénérable et ensuite bienheureux. Il y a beaucoup de barreaux sur l'échelle de Jacob.

Féconds sacrilèges : *Le Déjeuner sur l'herbe*

1863

1959

1960

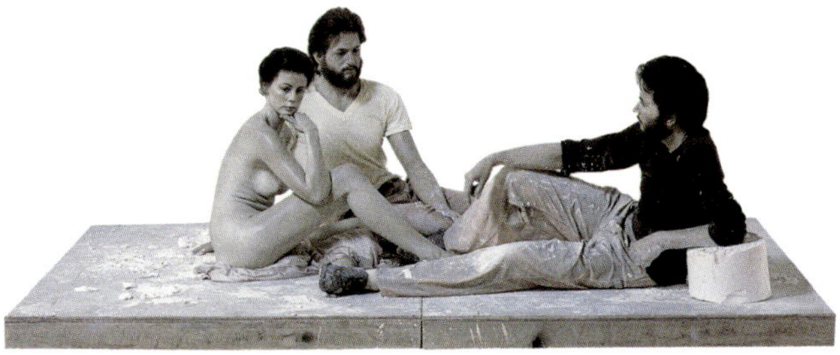

1982

1994

2010

On peut en croire les professionnels de la profession. Le sacré est une affaire d'organisation, non de morale, et deux mille ans d'expérience en la matière, cela affine le jugement et donne de la bouteille.

Dans la Bible hébraïque, qui est un triptyque, la *Torah* (les cinq premiers livres, dits de Moïse) est plus sacrée que les *Nabïm* (les Prophètes), qui le sont plus eux-mêmes que les *kerubim* (les Écrits), par quoi le Livre se termine. Un musulman se gardera de mettre sur le même rang un verset du Coran et un *hadith* (une parole du Prophète rapportée par la tradition). Ou de confondre, dans ses renoncements quotidiens, l'interdit, le condamnable et le blâmable, ainsi que, dans sa liste de devoirs, le licite, le permis, le louable et l'obligatoire. Pas plus qu'un chrétien peccamineux ne confondra le péché véniel avec le mortel.

Le sacrilège aussi a ses degrés, comme ses châtiments. Plus de trente ans après la Déclaration de 1789, en 1825, fut votée par les Chambres des pairs et des députés une loi visant le vol et la profanation des objets du culte (à l'instigation des treize prélats de l'Église alors pairs de France). Le vol d'un vase sacré ne contenant pas les saintes espèces était puni des travaux forcés à perpétuité ; si le vase contenait des hosties consacrées, peine de mort ; si le vol portait sur les hosties elles-mêmes, le poing du coupable était coupé avant sa décapitation. Tel était le supplice traditionnellement réservé au parricide, amalgamé, en l'occurrence, au déicide — le dogme de la présence réelle assimilant Dieu le Père à la rondelle de pain azyme. La loi punissant de mort le sacrilège fut abrogée en 1830, après les émeutes de Juillet. Elle ne l'est toujours pas en Arabie saoudite. Les révolutions ont leur utilité.

La dépouille d'un souverain pontife, dès qu'il est béatifié, devient source légitime de reliques, mais tout n'est pas également sanctifiant dans les restes d'un saint homme. Il y a des reliques de première classe, les morceaux de son corps qui seront prélevés à des fins de vénération ; des reliques de deuxième classe, que sont les objets qu'il a touchés ou utilisés au cours de son existence ; et celles de troisième classe, les objets, mouchoirs ou fourchettes, qui ont pu être en contact avec les deux catégories précédentes.

Et Sa Béatitude n'est pas le seul, le menu fretin aussi, à pouvoir se débiter en bas et hauts morceaux. La bioéthique envisage différents niveaux de contrôle selon la charge plus ou moins symbolique des « parties » d'un organisme. Hiérarchie reconnue y compris par l'Académie pontificale dans ses avis sur les « xénogreffes », quoique cette même institution n'admette pas qu'un gynécologue n'accorde pas le même degré de protection à un embryon et à un fœtus (après soixante jours). Le Vatican fait la distinction entre des éléments organiques mais détachables, comme les cheveux, les ongles ou les urines, et d'autres, comme le cœur ou le cerveau, intérieurs à la personne et constitutifs de son identité. Puisse le législateur, dans son effort pour réguler le biomarché et soustraire le commerce des organes au cynisme de l'argent, en prendre de la graine, révérence parler. Après tout, les tenants de l'Évangile de la vie n'ont pas le même respect pour l'amibe que pour les animaux sensibles à la douleur, et, parmi ceux-là, pour un serpent que pour un quadrupède, et pour un veau que pour un chat.

Bien tenir son échelle voudra dire ici : tenir sa hiérarchie à jour, au vu des imprévus climatiques et techniques. Non pas pour « refondre en absoluité les discours de l'autorité », mais pour se mettre en état de répondre à la question : « Qu'est-ce qui est le plus digne, à cet instant *t* de l'histoire, d'être respecté ? Que fait-on passer en premier ? Le droit des peuples à disposer d'eux-mêmes, aujourd'hui bien oublié, ou le droit de l'homme individuel à la liberté ? La protection de la vie privée ou bien l'obligation de transparence ? L'indisponibilité du corps humain, dont on ne peut faire une marchandise, ou la possibilité pour une femme de disposer à son gré de son humanité ? Guérir une maladie héréditaire en intervenant sur le génome ou s'en abstenir au risque de la transmettre des parents aux enfants ?

La pyramide des normes n'est pas en granit. Autant dire que nous avons le sacré que nous méritons. À chacun de jouer sa partie.

La sacralité d'un événement ou d'un personnage peut se mesurer au volume des foules qu'ils rassemblent et des imaginaires qu'ils mobilisent. C'est un bonheur, et un privilège dont il faut remercier l'époque, que de pouvoir jouer avec une échelle pliante et coulissante mise à notre disposition par le *star-system.*

Le sacré faible, aux niveaux inférieurs, élargit nos marges de liberté, en nous donnant, dans un domaine ordinairement contraint, sinon l'embarras, du moins un plus vaste éventail de choix **[pl. 24]**. Comme dans un supermarché, diront les esprits chagrins, qui dauberont le sacré du consommateur. Répondons-leur que tenir les autres à distance tout en les faisant venir à soi est un exploit commun à qui doit commander et à qui doit séduire. C'était celui du capitaine de Gaulle et de Greta Garbo. À un moment de l'histoire où emplir une salle en ville ne va pas de soi, ce n'est pas faire la midinette que d'apprécier cet art à sa juste mesure. Les Mussolini avaient un public captif, l'époque en est passée. Capturer l'attention est plus difficile en démocratie, elle est indocile et volatile, et cela ne se fait plus de haut en bas. Le chef ne se contente plus de suivre ses troupes : il nous colle, et nous mime jour après jour, tant il idolâtre l'opinion, sa seule étoile polaire, son sacré professionnel.

<

Mettons à profit les renoncements du politique, faisons l'école buissonnière, remplissons le panier de la ménagère. Belles-lettres et beaux-arts nous fournissent en phares et balises pour suivre en le remontant notre chemin de vie. Chaque nation d'Europe a son fédérateur littéraire — Shakespeare, Goethe, Dante, Cervantès, Hugo, etc. — qui l'unifie au-dedans et le représente au-dehors. Mais le sacre de l'écrivain n'étant plus qu'un souvenir scolaire, le zigoto en régime image, vous et moi, a tout loisir de faire tourner autour de ces soleils fixes les astres de son choix. La vie internationale lui propose ses figures de proue. Le sport, ses *recordmen.* Et le *show-biz,* ses stars. C'est la constellation des *monstres sacrés.* Inventée par Cocteau en 1940, l'expression, qui visait au départ les divas de la scène, Réjane et Sarah Bernhardt **[<]**, peut désormais englober tous les enfants du celluloïd et du pixel, de la pub et du glamour. Peu nous chaut qu'ils soient à la ville comme à l'écran, produits de synthèse ou personnes de chair. Ce ne sont pas des petits saints, comme leur nom l'indique; au-delà du bien et du mal, privilège de nature. Personne n'attend d'eux qu'ils vivent en ascètes ou meurent en martyrs (encore que l'accident fatal ajoute à l'aura, voir Grace Kelly, Lady Di et James Dean). Ils n'ont qu'une obligation : ne pas cesser de nous étonner, par leur train de vie outrageux, leurs amours insensées, scandales et sacrilèges en tout genre. Le monstre sacré, c'est ce que nous ont laissé en partant les Brossolette et les moines de Tibéhirine **[>]**. Les héros intercédaient pour nous auprès de l'histoire; les saints auprès du Ciel. Les Olympiens soignent notre idéal du moi, toujours estropié. Ce sont nos infirmiers. Si l'on ne peut exclure, vu le triomphe médiatique de l'insignifiant, que la mauvaise monnaie chasse la bonne, on ne voit pas pourquoi bouder ce plaisir d'un sou : avoir la tête dans les étoiles en gardant les pieds dans la boue. Des ersatz, sans aucun doute, mais ce sacré *light*, diminutif et portatif, nous aide à régresser du stade tragique au stade esthétique. À progresser du fana au fan. Pourrait naître de là un exercice de bonne compagnie, la question du Petit Prince nouvelle manière : cher inconnu, dessinez-moi, non un mouton mais votre mini-panthéon **[pl. 25]**. De quoi se compose votre Voie lactée? Votre zodiaque intime? Votre ciel de lit?

>

L'exercice pourrait se faire un jour diplomatique. On passerait alors du for intérieur au rapport de forces, avec pour enjeu la coexistence pacifique entre États et continents. Outre que chacun a tout intérêt à mieux connaître ce sur quoi il n'est pas prêt, au fond de lui, à transiger, repérer l'intraitable du pays voisin permet d'éviter le mauvais calcul, la blessure involontaire, la gaffe à ne pas faire (et, en cas de malheur, de ne pas perdre la guerre ou la face). Si l'on était président de la Commission européenne ou, baissons d'un cran nos ambitions, secrétaire général des Nations unies, on demanderait à tous les membres du club, comme un devoir de vacances, de procéder à cet examen d'inconscient, pour

Les plus...

… ou moins

le mettre ensuite à disposition des collègues. Ce serait comme explorer les secrets de famille d'un étranger, hérités d'un passé dont il est vain d'espérer qu'il passe complètement. « Quelles sont les choses qui nous mettent en rage ou aux anges ? Qui nous prennent aux tripes ? Et pour quelle cause peut-on trouver chez nous des gens normaux, non des illuminés, prêts à donner leur temps, leur argent, voire leur vie ? » Exercice salutaire quoique à contre-courant. Pas facile de demander à un esprit critique de se passer lui-même au crible, s'il est vrai que le sacré, c'est ce qui nous reste quand on a tout critiqué de ses contemporains et de ses aïeux ; ce que l'on s'interdit de toucher une fois que l'on a touché à tout. Il y a une censure sur ces tréfonds ultrasensibles, surtout dans une Europe douillette et sardonique, chiche en articles de foi, où la fatigue sociale du messianisme confine à l'épuisement, et qui se berce de l'illusion flatteuse d'avoir jeté à la rivière totems et tabous.

Qu'y a-t-il de sacré pour un Nord-Américain d'aujourd'hui ? On imagine aisément les réponses dans un pays messianique qui a gardé « l'âme d'une Église », où le code du soldat s'appelle un credo (le *soldier's creed*), gravé sur un *dog tag* que chaque fantassin passe autour du cou, avec sa plaque d'identification. Les États-Unis ont une armure morale. C'est un ensemble unifié par un Dieu confédéral, une Constitution, le culte des Pères fondateurs, un drapeau omniprésent, y compris à la Bourse, un *way of life*, une langue triomphante. Neuf Américains sur dix déclarent croire en un Dieu unique et personnel, et quasiment dix sur dix, immigrés compris, dans le *Manifest Destiny* de leur patrie de naissance ou d'adoption, convaincue de porter « l'arche des libertés du monde ». Qu'y a-t-il de sacré pour les membres de l'Union européenne ? Quel lieu de mémoire, quelle allégeance, quels adversaire et anniversaire communs ? Quel mythe ? Quelle langue ? Réponse embarrassée. On montrera un lieu de deuil — Verdun ou Auschwitz —, puis l'on fera langue de bois. Paix, modèle social et longues vacances. Quant à la question : « Que reste-t-il de sacré dans la France d'aujourd'hui ? » — autrement dit, « qu'est-ce qui pour vous ne relève pas de l'opinion ? » —, on n'imagine pas qu'un institut de sondage puisse la faire sienne, entre deux enquêtes d'opinion. Quoique foncièrement politique, puisque tel est le nom de l'exercice consistant à faire une molécule avec des atomes lâches, cette recherche ferait fi des partages partisans et des simagrées électorales. Il faudrait demander au citoyen lambda de quoi il n'a pas envie de plaisanter, dans quel lieu public il cesse de faire le mariolle (en dehors des salles de cinéma et de concert), devant qui il serait prêt à tirer son chapeau ou sa casquette. Autant appuyer sur le point qui fait mal : quelle épine dorsale proposer à soixante millions de nombrils ? Quelle unité de vue aux différentes communautés dont chacune met au-dessus de tout sa différence ? Quel point de rencontre pour les cortèges Concorde-Champs-Élysées et Bastille-République ? Pour les cathos qui défilent pour l'école privée et les laïques pour l'école publique ? Ceux qui manifestent pour Israël et ceux qui manifestent pour Gaza ? La musulmane voilée et la féministe militante ? Quel destin collectif peut-il les embrasser ? Et à quoi l'accrocher ? Le sentiment de la langue ? Le diplômé de Harvard installé à Shanghai ou Bruxelles ricane — le *globish* est son élément. Le territoire ? Rime à terroir. Bon pour la mère Denis et Jacquou le Croquant. L'État de droit, pour lequel nul, en principe, n'est au-dessus des lois ? Certes, à condition de pouvoir s'offrir un très coûteux cabinet d'avocats pour débouter le pauvre hère sans carnet d'adresses. Diogène désappointé prend sa lanterne et part sur les traces de « l'un et indivisible » inscrit au programme. Peut-être fera-t-il bien de passer outre les phares éteints du légendaire national, dont la lueur hante encore, heureusement, nos manuels scolaires, Clovis, le bon roi Dagobert, Bouvines, Saint Louis, Jeanne d'Arc, Louis XIV, mais aussi des figures moins convenues mais de plus en plus démagnétisées comme Saint-Just, Danton, et Jaurès. Resserrer la voilure, à son corps défendant, est un risque, mais nous resteraient encore des catalyseurs d'appartenance à la fois consensuels et radioactifs, continuant de produire chacun son lot annuel d'allusions, de films, de noms de rues, de thèses, d'invocations et d'engueulades. Et dont l'assemblage ou le casse-

Aux illustres mon ego reconnaissant

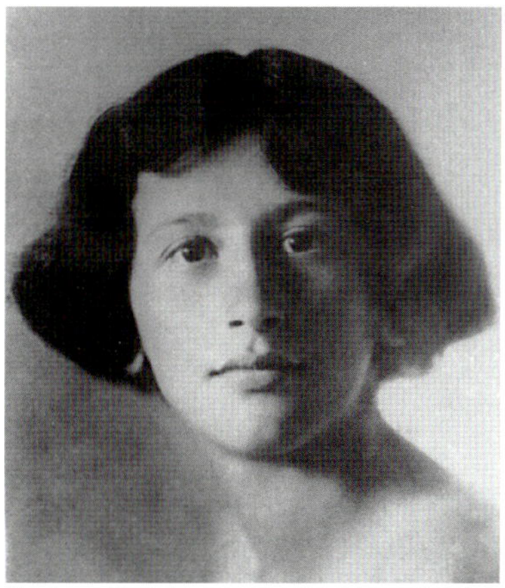

tête composerait le sacré moyen du Français moyen de l'an 2000 et des poussières. De toute façon, il y aura des coupes sombres à faire dans l'héritage. « On ne peut guère loger à plus de vingt dans un siècle », prévenait Henri Michaux **[pl. 26]**.

Sans doute aurions-nous, à l'étage planète, une fois achevé ce puzzle de confessions nationales, cette mosaïque d'autoportraits de groupe, une anxiété du même style. Qu'a pratiquement, viscéralement en partage la soi-disant communauté internationale, en dehors des chartes et déclarations contresignées du bout des lèvres, le flou et l'ambiguïté des mots aidant ? L'humanité a des intérêts communs, à commencer par le climat, l'ozone et sa propre survie ; elle a des biens communs, inscrits au patrimoine mondial, même si c'est une liste à la Prévert (la dentelle d'Alençon, la fête ouïgoure, le panda, la tequila, la fauconnerie, etc.). Mais de la globalisation des flux peut-il naître un entre-soi global, supérieur à chaque civilisation et commun à toutes, susceptible de les coiffer sans les décoiffer, les confédérer sans les décolorer ? C'est la question que nous pose cet accélérateur en rond de particules lourdes que l'on appelle la mondialisation et qui suscite autant de chocs que d'amortisseurs. La réponse ne peut être, comme pour les précédentes, un jeu d'après dîner. Elle a son urgence humanitaire. Devant tant de massacres et d'appels au secours, transmis en direct par satellite, comment ne pas faire sien le vœu d'Henri Dunant **[<]** égaré sur le champ de bataille de Solferino, en 1859 : les armées, les nations sont ennemies, mais les blessés de guerre font un seul camp, l'humanité souffrante. Imaginons un secours n'appartenant à aucun camp et respecté par tous les camps. *Tutti fratelli.* La Croix-Rouge était née, excellent laboratoire de recherches sur la notion d'universel.

<

La clé des songes et des solidarités, beaucoup disent l'avoir trouvée. Aux blessés de la pollution industrielle et du changement climatique, l'écologie haut de gamme offre la *terre-matrie.* Aux amputés de la barbarie, la Cour pénale internationale propose la poursuite coûte que coûte du *crime de guerre* et *contre l'humanité,* mais dont les plus puissants, en refusant de signer la Convention idoine, s'exemptent par avance. Aux victimes de la discrimination et de la dictature, le juge européen propose le respect sans concession des droits de l'homme. Comment ne pas applaudir ? Mais comment ne pas remarquer que, s'il existe un patrimoine mondial et beaucoup de nationaux, il n'existe pas de patrimoine européen. S'il y en avait un, la coupure de l'euro ne serait pas un billet de Monopoly.

Tous les hommes ne définissent pas l'homme de la même manière, ni l'inhumain, dont seul l'homme est capable. Pour les Mandchous d'antan, le comble du traitement dégradant et inhumain, ce n'était pas le supplice ni l'exécution, mais le démembrement du supplicié après la mort. Auschwitz n'est pas un lieu sacré pour le monde chinois, non plus que *Ground Zero* pour la rue arabe. Mais Hiroshima rayonne bien au-delà de l'Asie. Il est indéniable qu'à défaut d'une panacée morale imposée d'en haut par un Occident encore imbu de lui-même, un certain nombre de principes, nés en Occident, s'avèrent lentement, empiriquement universalisables. « Par l'interdit suprême du crime contre l'humanité, c'est bien le droit commun de l'humanité qu'on s'efforce d'inventer » (Mireille Delmas-Marty). Le prix Nobel résonne partout et les photos d'Einstein, de Charlie Chaplin, du dalaï-lama ou de Nelson Mandela disent quelque chose aux habitants de Lagos, de Shanghai et de Buenos Aires, comme à ceux de Rome et de New York. La démondialisation en marche ne nous rendra pas aveugles et sourds au sacré des autres — bien au contraire — ni incapables de partager.

Pour l'heure, un constat. Dans les hôpitaux de l'Assistance publique, la nouvelle salle polyvalente partagée par plusieurs aumôneries, ce local aseptisé et pluriconfessionnel semblable au « point prière » des aéroports, ne satisfait personne. Le patient chrétien veut son oratoire, habité de la présence du Christ, le juif, un coin à lui pour le kaddish, et le musulman, le sien pour la toilette funéraire. Le sacré grand public est bas de gamme. La recherche de l'emblème universel et universellement respecté indique qu'il semble en aller de même sur la planète. *Soft* est le sacré mondial, *hard* le local, ethnique ou religieux. L'échelle des émotions est à l'inverse du rayon d'action : plus c'est large, moins c'est fort. Le sigle bleu ciel de l'ONU peut circuler tous azimuts mais n'impose pas partout le respect (le belligérant lui tire souvent dessus). Et pour en revenir à la Croix-Rouge **[<]**, notre *via crucis*, idée généreuse entre toutes, espoir d'une fraternité retrouvée par-delà nos barbaries, instructifs sont les avatars de l'emblème que s'était donnés, au départ, « une entreprise commune à toute l'humanité civilisée ».

« Les infirmiers volontaires portent, dans tous les pays, un uniforme ou un signe distinctif identique. *Leur personne est sacrée* et les chefs militaires leur doivent protection », dit l'article 9 du projet de concordat de 1863. Si chaque adversaire, pensait Dunant, fait usage d'un emblème propre, si l'unité de signe est brisée, sa valeur protectrice sera compromise et les services de santé perdront leur immunité. Quoi de mieux qu'une croix rouge à fond blanc sur un brassard ou un drapeau pour éveiller un sentiment de sympathie universel ? Jusqu'au jour où le Comité international de la Croix-Rouge découvrit que la croix est un symbole chrétien, rejeté comme tel en maints endroits. Il a donc dû se fragmenter en croissant, en étoile de David, en lion-et-soleil persan, et finir par admettre le double emblème. Ce qui a rompu l'unité générique du mouvement.

Il existe, bien sûr, des philanthropies de convention, de politesse ou d'intérêt bien compris, mais les guerres coloniales ou impériales mettent en évidence une loi de Gresham à l'envers : le *hard* chasse le *soft*; et l'autochtone taliban, l'envahisseur occidental, eût-il une puissance de feu infiniment supérieure. Le sacré de la coalition occupante, en Afghanistan (si l'on accepte de prendre au sérieux les serments d'hypocrite), ne « tient » pas devant le sacré indigène. On se sacrifie pour Allah, pour sa terre, pour ses enfants, pour ses ancêtres, mais comme l'a dit un officier français retour du terrain, où nos soldats font supplétifs dans une guerre américaine : « On ne donne pas sa vie pour les droits de l'homme. Il faut autre chose. Un esprit de corps. » La Légion

Le sacro-saint (France, années 2000)

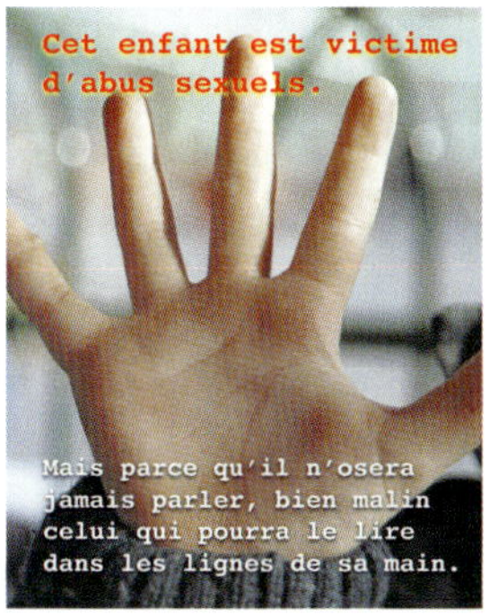

L'enfant

Les droits de l'homme

Le devoir de mémoire

La laïcité

Les Bleus

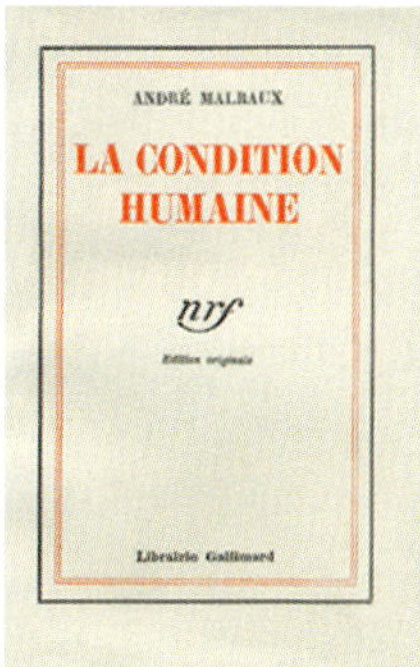

La littérature

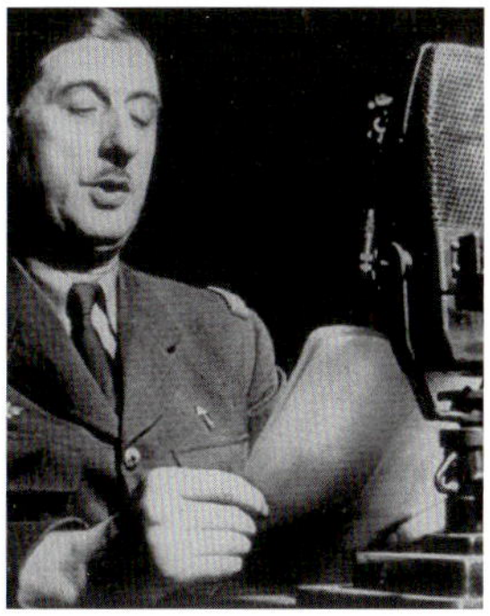
Le 18 juin

Le 20 heures

Les vacances

La grève

La diversité

Le patrimoine

étrangère n'en manque pas. Elle est une patrie à elle seule — *Legio patria nostra.* Dans une unité d'élite où la parole donnée est sacrée, qui célèbre chaque année sa glorieuse défaite de Camerone, au Mexique (1863) — soixante-cinq hommes résistant à deux mille Mexicains —, qui a sa devise, *Honneur et Fidélité*, son hymne propre, *Le Boudin*, son symbole, la grenade à sept flammes, son képi, blanc, et ses épaulettes, rouges, il y a une fierté d'appartenance. C'est une famille vieille de cent quatre-vingts ans. Mais cela peut-il suffire à donner un sens à ce qui n'en a pas ? Sans doute cet officier pudique se souvenait-il, incarnation oblige, de ces vers de Charles Péguy : « Heureux ceux qui sont morts pour la terre charnelle/Mais pourvu que ce fût dans une juste guerre [...]/Heureux ceux qui sont morts dans les grandes batailles/Couchés dessus le sol à la face de Dieu [...]/Heureux ceux qui sont morts pour des cités charnelles,/Car elles sont le corps de la cité de Dieu. »

Si le vainqueur d'un bras de fer est celui des deux qui sait le mieux *faire corps*, la question de savoir si l'universel peut devenir charnel est, pour l'Occident — le seul bloc international encore à même de conférer une allure d'universalité à ses valeurs et intérêts particuliers —, la plus stratégique de toutes. Puissent s'en emparer nos instituts et écoles militaires, à défaut de nos politiques, troupeau tenu en laisse par les communicants et que le joug médiatique a physiologiquement décérébré, sauf mouton noir à la marge.

« Le seul vrai scandale à la guerre, disait Bernanos, c'est de mourir pour rien... »

Pour la route

Deux choses menacent les groupes humains : le sacré et le profane.

Si le sacré est partout, ils s'ankylosent.

S'il n'est nulle part, ils se décomposent.

Trop de marques de déférence, voilà le collectif réassuré mais des individus humiliés de ne pas être à la hauteur.

Pas assez, c'est Narcisse-roi mais un peuple qui doute, ou se dégoûte.

Que faire ?

La part du feu.

Un quidam prêt à transiger sur tout est un pauvre type. Sur rien, un dangereux. Sur quelque chose, un débrouillard. On peut causer.

La question est donc de faire bonne mesure.

Notre simple enquête, ni quête ni requête, entend décrire sans prescrire. Aussi se gardera-t-on de morigéner et catéchiser, pour s'en tenir à quelques règles de savoir-survivre. Simples suggestions.

>

À partir d'un constat : les Prométhée tout feu, tout flamme qui ont voulu des piédestaux faire table rase, comme autant de vestiges des temps d'obscurité, sont régulièrement rattrapés, une fois arrivés aux affaires, par ce qu'ils s'étaient juré dans leur écritoire d'éradiquer. Les montagnards français n'avaient pas plus tôt fracassé les effigies du roi, les fleurs de lys et les gisants de Saint-Denis **[>]** qu'ils édifiaient dès le lendemain matin des autels à la Liberté, à la Nation et bientôt à l'Être suprême. Plus instructif encore fut le communisme bureaucratique. Aucun régime n'a fabriqué plus d'icônes, de statues, de mausolées, d'interdits, d'excommunications et de procès en sorcellerie que celui qui fit de l'athéisme une religion d'État, et du bon Dieu un diable. Cette hiératique pyramide de hiérarques n'a pas pu résister aux ondes hertziennes et à l'électron, deux imprévus spirituels qui ont jeté bas l'utopie matérialiste. C'est que tout est possible sur une feuille imprimée, mais non dans une communauté prise à la gorge. On peut même oublier que l'absence de rêves est pire que le rêve et concevoir sur le papier un vivre-ensemble sans point nodal (et donc sans lieu d'asile). Il en va autrement quand la doctrine doit se faire discipline, et le Verbe, chair à canon. Les doctrinaires ont beau jeu. Ils raisonnent en solo, par temps de paix. Ils n'ont pas de pays ni d'armée à bâtir. Les philosophes n'ont pas de frères ni de camarades, mais des lecteurs et des groupies. Pas d'ennemis, des concurrents. La plume, le discours peuvent caracoler à l'esbroufe, impunément. On lit et on écrit seul, on prend des risques et un fusil en se regroupant.

Évitons de donner aux phraseurs professionnels le droit de légiférer sur nos ensembles, et aux techniciens du rassemblement le droit d'administrer nos solitudes.

Première suggestion : ne pas adorer, ne pas vitupérer. De l'honneur, valeur qui fut longtemps sacrée dans notre culture (et qui le reste au sud de la Méditerranée), Bossuet disait qu'« il fait tous les jours tant de bien et tant de mal dans le monde qu'il est assez malaisé de définir quelle estime on doit en faire ». Les crimes d'honneur horrifient, les paroles d'honneur rassurent. Les hommes d'honneur sont des bandits, les hommes sans honneur des crapules. Dont acte. *So what*?

Oui, l'entretien d'une sacralité implique des sacrifices. Il faut financer la maintenance (école, maison, musée, institut, académie, etc.). Mais le profane également a un coût. Y compris financier, si l'on joue au comptable. De 792 à 1589, au royaume de France, il n'y a pas eu d'atteinte à l'intégrité physique du monarque, tout régicide tenant du déicide. Huit siècles sans attentat, c'est une pause appréciable. En revanche, la désacralisation du corps présidentiel, en République, s'est soldée par un service assez coûteux de protection des personnalités. Il n'est pas anormal, toute mesquinerie à part, que la collectivité sécurise ce qui la sécurise elle-même, en assurant, sur fonds publics, l'immunité physique des malheureux chargés du moral des troupes.

Nous savons ce qu'il entre d'artifice dans le hissage d'un individu ou d'une date en clé de voûte mythique, qui fait tenir la charpente. Mais les coûts de l'effondrement par démystification ne peuvent être sous-estimés. Déclin d'une nation, débandade d'une armée, décomposition d'un parti — toutes ces fins de partie ont pour dénominateur commun une désacralisation parvenue à terme —, d'une caste dirigeante, d'un haut état-major ou d'un autocrate soudain mis à nu. La profanation de Lénine, par exemple, après un demi-siècle de sacralité institutionnelle, suite à l'ouverture des vannes par Gorbatchev (information, recherche historique et libre critique), portait dans ses flancs, comme le nuage la pluie, la dislocation de l'empire soviétique en républiques indépendantes. Une confédération bâtie à chaux et à sable voit s'effondrer sa croisée d'ogives : dégel pour les parties. Et débâcle pour le tout. Le chevillage d'un château de cartes par le héros de la légende a ses ridicules et ses faux-semblants, mais, d'un point de vue architectonique, il est permis de voir dans ce subterfuge un élément essentiel au *succès reproductif* des combinaisons humaines, lesquelles sont par nature contre nature, et requièrent du fiduciaire. Nos sociétés disjointes et sarcastiques ne veulent plus entendre parler de ces fictions bouche-trous, jugées non sans raison asservissantes et infantilisantes, où l'on peut voir néanmoins, à d'autres égards, un *avantage sélectif*. Étant donné l'impuissance des mathématiques, outil universel, à unifier le genre humain, et l'incapacité de l'intelligence à enfanter un corps et même un esprit de corps — à pondre un œuf, une équipe de foot ou un peuple (autre chose qu'une mosaïque démantibulée de populations) —, comment ne pas recourir à des agglutinants de convention ? L'imaginaire, pour fantasmagorique qu'il soit, est fonctionnel, par quoi déraisonner en théorie devient pratiquement raisonnable. On ne comprendrait pas, sinon, que les *structures dissipatives* que sont, depuis l'aube des temps, nos clans, tribus, royaumes, empires et républiques se soient à chaque reprise donné un fil à plomb irréel pour se redresser en cours de route, une idée régulatrice et optimiste d'eux-mêmes, leur servant d'antirouille et d'antioxydant. On peut à la fois se gausser et se féliciter d'entendre invoquer en France, en Israël et aux États-Unis « la patrie des droits de l'homme », « le peuple élu » ou « la nation indispensable ». Ces images d'Épinal — mais quel pays n'a pas sa mythomanie maison ? — offrent un complément vitaminé à l'estime de soi, à défaut de quoi une nation déprime et cesse de s'aimer. Le roman national est à la fois grotesque ballade et signe de santé. Et sa décomposition critique, imposée par les sphères savantes, cause d'anorexie. On n'en est plus loin, quand on parle de bâtir une Maison de l'histoire « scientifique ».

Deuxième suggestion : veiller au cadre. Le décor ne remplace pas les œuvres mais limite les dégâts. Les Français ont *une chance difficile* : ils héritent d'une république laïque. Du moins en conservent-ils quelques traces (foin de la fleur de lys sur la grille du Palais de Justice de Paris et des abeilles napoléoniennes à la Cour de cassation). Pourquoi est-ce une *chance*? Parce que ce moule insolite combine deux choses rarement réunies : l'esprit d'ensemble et l'esprit de contradiction. Garantir la liberté de conscience pour tous en empêchant le débordement des convictions de chacun, c'est se mettre en état de *fédérer sans opprimer*. En régime de laïcité, un clerc a le droit de condamner en chaire l'avortement, et même de processionner là-contre sur la voie publique. Il n'a pas le droit de débarquer en commando dans un hôpital qui pratique l'IVG. Intolérance théologique et tolérance civile ne sont pas incompatibles. Pourquoi est-ce *difficile*? Parce que, si le républicain a remplacé la sacralité de Dieu par celle de la Loi, et, pour l'éloquence, la chaire par la tribune, cela ne l'empêche pas d'avoir une répugnance innée, de fondation, pour tout ce qui évoque la grandeur d'établissement : fastes monarchiques, tenues de cérémonie et rituels de majesté. Au corps *visible* du Roi, il a substitué des majuscules sans chair ni visage, Liberté, Égalité, Fraternité. Il a joué l'écrit contre l'image, le viril contre le féminin (Marianne est un compromis tardif du droit avec la chair). Il a inventé cet idéal-type indispensable mais quand même improbable qu'est le *citoyen*, un être mobilisé à temps complet pour le bien de la cité, sans envie de jouer ni progéniture, sans mémoire ni langue maternelle, sans libido ni compte en banque, sans adrénaline et sans appartenance, que sa mort indiffère et qu'un éventuel état de guerre ne devra pas empêcher de raisonner froidement. Pari difficile. De cette austère abstraction aurait pu découler une existence collective riche en droits et pauvre en liens, où la liberté serait le nom noble de la solitude. Avec des échantillons de vertu asexués au teint blême, sans accent et sans diabète, pareils à ces allégories translucides et chlorotiques que l'on voit, sur les murs délavés de la Sorbonne ou du Panthéon, flotter à travers des jardins d'outre-monde sur des fresques généralement signées Puvis de Chavannes.

L'Ancien Régime connaissait les célébrations, il n'avait pas besoin de commémorations. La République, au contraire, vit de commémorations parce qu'elle est tout entière à elle-même sa propre célébration. Elle a même fini par produire et institutionnaliser un modèle de commémoration très IIIe République, « Patrie reconnaissante » et « morts pour la France ». Il était fondé sur un ordre et une hiérarchie étatiques; il avait ses rendez-vous fixes, 11 Novembre, 14 Juillet **[>]**, *1er Mai; il possédait ses lieux canoniques : écoles, mairies, places publiques, monuments nationaux; il disposait d'une liturgie d'hommages bien rodés, de cérémonies très officielles, de nécrologies codifiées. C'est ce dispositif qui représentait, au fil des jours et des ans, l'armature du sacré de la République.*

Pierre Nora, « Profane et sacré en République », in *Présent, nation, mémoire*, Gallimard, 2011.

>

On peut comprendre le persistant embarras liturgique du « peuple de gauche », toujours à la peine lorsqu'il s'agit de donner forme à sa propre communauté émotionnelle, face aux rituels bien calés et formatés de la tradition. D'où vient que le fameux « une messe est possible » du président décédé se transforme sans mot dire en « une messe est inévitable », faute de solution de rechange à portée d'imaginaire. Et nous voilà reconduits, à l'heure des funérailles, sous les voûtes de Notre-Dame, dans la compagnie des « grands de ce monde », mitres, chasubles et uniformes. Quitte à mêler Barbara Hendricks au plain-chant, et à couvrir le bourdon de Jarnac, à la sortie, par un *Hymne à la joie* — pour sauver l'amour-propre. Le laïque a toujours du mal avec la mort. L'arrivée et le départ des amis réveillent son anxiété cérémoniale. Ce n'est pas dans l'existentiel ni dans la remémoration privée, mais dans la commémoration publique que le républicain se sent à son affaire.

<

« L'un et l'indivisible » **[<]** est une gageure : ce miracle ne se trouve pas sous le sabot d'un cheval. Il requiert un *nouage symbolique*, un surcroît de *surnous*, un redoublement d'idéal, faute de figure unificatrice que l'on puisse voir et toucher. La république n'a pas moins besoin de sacré que de savants, en tout cas plus qu'une monarchie qui a son point de fuite dans le visage du souverain, où la continuité symbolique est prise en charge par un pedigree. Par bonheur, la Ire République a eu très tôt bien des malheurs : elle a dû se défendre contre l'Europe entière et donc serrer les rangs, déclarer la conscription, déployer les trois couleurs, sonnez trompettes, résonnez tambours, contre nous de la tyrannie. Elle a fait sien, sur le pouce, le chant de guerre pour l'Armée du Rhin, « l'air sacré de la liberté », bientôt repris par tous les révoltés du monde. En épousant la nation, l'invitée surprise des Lumières, le jacobin a rencontré ce qui ne figurait pas dans son programme : la chaleur et les couleurs. Le lien et les affects. La levée en masse a fait à Voltaire et à Montesquieu un enfant dans le dos, « l'amour sacré de la patrie ». Cette prise de corps imprévue a pu différer jusqu'à présent dans nos France juxtaposées le retour à « l'agrégat inconstitué de peuples désunis », avec allégeances communautaires et *Pride* de ceci et cela.

On doit savoir gré au *modus vivendi* républicain (je ne veux surtout pas voir qu'une seule tête), compromis toujours à renégocier entre Hestia, la déesse du foyer, et Hermès, le dieu des migrants, de nous avoir aussi longtemps fournis en sacralités à prix modéré, celui qu'impose le pluralisme des croyances et des incroyances garanti par les lois de laïcité. Les religions d'État fabriquent un sacré exorbitant, payé au prix fort, assignation à résidence et muselière. Deux siècles de république nous auront permis de concilier *Le Canard enchaîné* avec le goût de la chose commune, ou ce qu'il en reste, à défaut de quoi le projet d'un patrimoine et d'un avenir à partager et l'idée même de partage partent en fumée. Donnant campo au « si je veux et quand je veux », l'éternelle maxime du grand seigneur méchant homme.

Dernière suggestion : la politesse envers autrui. 1) Avouer ses sacralités, avec le même calme que sa sexualité. Dire tout de go, si la question nous est posée, à quoi va notre première loyauté, car « c'est un pauvre cœur que celui auquel il est interdit de renfermer plus qu'une tendresse » (Marc Bloch). Cela peut sembler incivil, mais la civilité s'en portera mieux. 2) Admettre que nos normes de conduite ne sont pas seules au monde, et qu'il y en a d'autres possibles, non moins légitimes dans leur principe que les nôtres, notamment là où le groupe prime sur l'individu, soit sur la moitié de la planète. 3) Tout est permis sauf la contrainte. La seule conduite inadmissible, sous quelque climat et dieu que ce soit, est l'usage de la force pour imposer son choix au voisin, le contraindre à vénérer ce qu'il abomine ou à abominer ce que nous vénérons. Dans le mouvant perpétuel, pas d'autre point non négociable que l'assentiment personnel et aussi éclairé que possible.

Définir une échelle de valeurs acceptable par le plus grand nombre et applicable à tous, à égalité, voilà une entreprise qu'un esprit frondeur, mais que n'humilie nullement le fait de n'être qu'un maillon de la chaîne, devrait pouvoir faire sienne. Puisque ce n'est pas à on ne sait quel destin de préfigurer l'humain, mais aux fugaces, vous et moi, d'inventer leur antidestin.

Sans oublier qu'une autre option demeure à tout instant possible, qui est de mettre les pouces. Nous renonçons à persévérer dans l'être. Nous ne transmettons plus. Nous descendons nos drapeaux à la cave et supprimons la distribution des prix à l'école. Plus d'hymnes ni de tapis rouge. Plus de défilés ni de cérémonies. Nous cessons de dire *nous*. Que le plus riche emporte l'œuvre d'art, en Suisse, dans son coffre, et que le plus fort assomme en sortant son voisin de palier. Chacun pour soi. Comme dans un naufrage.

Lettre Prioritaire
LA POSTE
20 g
FRANCE
Phil@poste
BEAUJARD

Coda.

Le sacre du printemps

Mortels, les dieux — avec ou sans manteau de pourpre.

Fugitifs, nos seigneurs et nos stars.

Fragile, « la flèche irréprochable et qui ne peut faillir ».

Friables, les stèles, éphémères, les tombes. Et effaçables, les auréoles.

Ce qui ne passe pas et n'est pas près de passer, ce sont l'eau, le feu, l'air, la terre. Les éléments premiers. Chaque époque, chaque civilisation les blasonne à leur façon. Mais l'eau salée survit à Poséidon, dieu de la mer ; le lever du soleil à Apollon, dieu de la lumière ; et nos gamètes à Aphrodite, déesse de l'amour.

Passent les croyances et les mythes, et parfois sans retour. Non la croissance des vivants, régulier regain.

Nulle multinationale ne nous fera payer l'entrée dans le mois de mai. Pas de droits d'auteur sur la photosynthèse, ni de TVA sur la poussée de sève. Là est la plus profonde houle. La source intarissable. Le patrimoine indivis. La vieille garde paléolithique. Pas de quoi en tirer un directoire planétaire ou un gouvernement européen. Mais assez pour entretenir, au cœur de nos détresses, une sourde et obstinée confiance.

Retour aux sources. *Hieros*, chez Homère, se traduit par *fort, vivifiant.* L'adjectif ne s'appliquait pas aux personnes mais aux éléments et aux choses qui nous profitent, brillent ou scintillent, et renforcent en nous la puissance de vivre.

Il y a du biotope dans le haut lieu. Le retranchement? L'isolement? La cellule est l'unité de base de tout organisme. Le périmètre? Seule une enceinte semi-perméable, la membrane séparant l'intérieur de l'extérieur, peut assurer sa cohérence et produire la vésicule où s'élabore la chimie du vivant (l'ectoderme, la couche externe de l'embryon, apparaît quatre jours après la fécondation). L'indivis? C'est le propre d'un système vivant, par opposition à la matière inanimée, décomposable *partes extra partes*, de ne pouvoir se découper en morceaux sans changer de nature.

Sacral serait donc le nom de baptême du *vital*, sa lettre de noblesse. Elle donne valeur morale à un phénomène naturel de repousse aussi fiable et rassurant que l'aube qui, sans rien nous demander, « enfle son corps de dahlia blanc ». Sacraliser, c'est faire de la poésie avec de la prose. On pourrait dès lors passer du « comment » (ça se manifeste) au « pourquoi » (ça fait retour). Retendre un tissu conjonctif en péril, prévenir la décomposition accélérée d'un agrégat : c'est à quoi servent les inventions de sacralité dans les groupes stables, ou aspirant à l'être. « Le » sacré dans cette hypothèse ne serait plus une dépense somptuaire, une exubérance gratuite ou un supplément d'âme, mais bel et bien l'hommage rendu par des vivants à ce qui leur semble pouvoir retarder le crépuscule — comme un déni biologique à la loi biologique. Nous ne pouvons nous empêcher d'investir d'affects positifs tout ce qui peut, en nous et autour de nous, réfuter le « ver irréfutable », en déclarant intouchable une pierre de touche capable de *nous précéder, nous excéder et nous succéder.* Opposer le fleurir au flétrir, n'est-ce pas notre intérêt bien compris, que l'on soit athée ou croyant, homo ou hétéro, de gauche ou de droite?

« Le don de vivre est passé dans les fleurs » : nous ne croyons plus que le sang d'Adonis blessé se transsubstantie en myrrhe, en anémone et en œillet, mais le Japon fait fête à la première fleur du cerisier, nous déposons une rose à l'endroit où un ami est mort sur la route, et la Toussaint fait ressurgir le chrysanthème **[pl. 27]**. Cro-Magnon plaçait de l'ocre rouge, signe de vie, sur les crânes des ensevelis et des coquillages dans leur orbite. Les Anciens laissaient dans les caveaux de quoi se sustenter. Le cyprès ne serait pas devenu l'arbre funéraire par excellence (et en Perse, sacré), l'emblème de nos *camposanto*, si sa forme n'était celle d'une flamme, et s'il n'était lui-même à feuillage persistant, doté d'un bois incorruptible (le coffret en bois de cyprès est réputé le plus sûr pour conserver indéfiniment des reliques). Placer du putréfié à l'ombre d'un vivace, c'est comme semer des immortelles sur un lit de mort ou couvrir de feuillages et d'oiseaux les parois d'un tombeau : simulacre peut-être, mais réparateur. « Laissez verdure », murmura George Sand en mourant, tandis qu'Alfred de Musset avait prévenu les pompes funèbres : « Mes chers amis, quand je mourrai, plantez un saule au cimetière. » Et il y est toujours, au Père-Lachaise. L'art funéraire fuit le macabre, et le dur désir de durer réenchante le néant. Congé donné aux frises verdoyantes des hypogées d'Égypte, aux guirlandes et aux amours multicolores des tombes étrusques **[<]**, aux stèles animalisées de la Chine antique, la mairie plante des primevères sous les murs du cimetière municipal, et aucun gazon ne peut rivaliser avec celui des cimetières de l'US Army en Normandie.

Les grandes bêtes ailées, les beaux chevaux de guerre, les lions, léopards ou tigres blancs, qui sont les gardiens familiers des tombes dans la Chine antique, ne fleurent point la mort [...]. Le tombeau, dans ses moindres détails [...] semble fait non pour rappeler au mort qu'il est mort, mais pour lui reconstituer, dans la brique ou la pierre, ce qui lui échappe avec la vie.

Victor Segalen, Chine. *La grande statuaire*, Flammarion, 1972.

N'est-il pas de bonne stratégie, faute d'une Société protectrice des humains comme il en est des animaux, de célébrer à tout le moins la *physis* (du verbe grec *phuein*, pousser, croître) ? De fêter la saison des efflorescences et des résurrections, avec nos Pâques, nos fêtes de la lumière et nos feux de la Saint-Jean, quand éclate la victoire du chaud sur le froid, du verdoyant sur la grisaille ? De mettre les petits plats dans les grands pour accueillir les JO, « la forme d'expression culturelle et pacifique du printemps de la vie » (Antoine Blondin) ? Et de chérir l'harmonie, le geste, la grâce, la *charis*, cette fleur qui s'attache à la jeunesse ? L'exaltation du fertile et du *génératif* court dans les deux hémisphères. Ce que ne fait pas l'opposition terme à terme du sacré et du profane, que la Chine et l'Afrique noire ignorent encore plus que le monde protestant ; ni la croyance en l'au-delà, ou au paradis, qu'ignorent confucéens et bouddhistes (les taoïstes confiant plutôt notre immortalité aux bons soins des sorciers) ; ni même le mythe de la résurrection des morts, dont le judaïsme ancien s'est fort bien passé (il n'y avait que des ombres au Schéol), et que certains rabbis réservent à ceux qui se font enterrer aux premières loges de la Résurrection, au pied du mont Sion, par où le Messie s'en reviendra.

De cet instinct de conservation sublimé viennent les universaux qui sous-tendent nos folklores. Comme autant de ritournelles dans l'imagination mélodique des peuples, bienfaisants leitmotivs qui permettent aux diverses cultures de communiquer entre elles, voire même, pourquoi pas, cela arrive, de se comprendre. Nous partageons tous, frères humains, un stock roboratif et nourricier d'emblèmes tangibles du renouveau, marques visibles de renaissance qui courent en refrain sous les chansons qui bercent nos misères : au premier chef, *l'arbre*, le *feu* et *l'eau*. Et les chrétiens qui dénoncent « la sourde permanence de ces idolâtries païennes » sont les premiers à les avoir instituées en signes sacramentaux : eau des fonts baptismaux et des bénédictions, flamme des chandeliers et des veilleuses, bois de la Croix, des rameaux et des chapelets, soleil du tabernacle.

Le temps immobile, ou la pulsion végétale

Tombe, Thèbes, XIII*e siècle av. J.-C.*

Cimetière parisien, 2011

Cet alléluia est un revenez-y sans fin, la roue du vivant tourne en rond mais ne s'arrête jamais. Le soleil fait cycle avec la pluie, et ses rayons sont d'or. C'est sa naïveté qui rend l'hymne à la vie universel et son simplisme convaincant. Notre réceptivité aux symboles et supports de régénérescence rejoint la moins contestable des psychanalyses, celle des éléments chère à Gaston Bachelard. Pas besoin d'astuce particulière. Il suffit de laisser libre cours à l'imagination de la matière qui travaille en sous-main nos rêveries les moins dirigées. Il y a, chacun le sait, du spirituel en sommeil dans l'eau, le feu, la terre — valeurs sensibles et sensuelles dont n'ont jamais pu se détacher les spiritualités les plus hostiles au « grossier animisme païen ». Ces valorisations affectives, pré- et postchrétiennes, préhistoriques et postmodernes, nulle raison raisonnante n'en viendra à bout. La seule finalité incontestable des êtres vivants étant de se perpétuer, comment ne serions-nous pas fascinés par tout ce qui la met sous nos yeux, en images ? Un filet d'eau qui sourd, un bourgeon qui fleurit, un bambou qui surgit libèrent en nous des émotions et des songes réfractaires à la critique. Tout suggère que la pulsion sacralisante, comme la fonction fabulatrice à laquelle elle est liée (et que le sacré ressortisse à la fable plaide encore plus pour sa nécessité), est à mettre au compte des « réactions défensives de la nature contre le pouvoir dissolvant de l'intelligence » (Bergson). Un physicien parlerait peut-être de néguentropie. L'inlassable retour de tout ce qui chante, au cœur d'un monde désenchanté qui use l'une après l'autre ses histoires saintes, relèverait dès lors d'une intelligence non intellectuelle, que l'on pourrait appeler la *sagesse des corps collectifs*. Dans un cosmos turbulent où le hasard semble avoir le dernier mot, il est de bonne guerre de se donner des repères valorisants et de s'y tenir, afin de pouvoir se renouveler en restant soi-même. Comme il n'est pas idiot, en butte comme nous le sommes à la croissance irréversible du désordre, de faire des pieds et des mains, des lois et des cérémonies, pour ordonner le chaos et ralentir la chute finale. Relevant si l'on veut de la méthode Coué, l'invention du point fixe n'arrête pas le cours du temps à la flèche sans pitié, mais freiner sa course est déjà méritoire. Cela ne va pas sans artifices ni gaspillage d'énergie, mais se servir de ce que la nature nous offre en puissance de prolongation pour tempérer sa puissance d'érosion constitue peut-être un dérisoire stratagème, sur le long terme, mais ralentir tant soit peu notre glissade au rien pourrait bien, si l'on est un peu optimiste, justifier la dépense.

*

Immémoriale, universelle et prévoyante est la symbolique de l'arbre. Nous voulons exorciser l'éphémère et l'incertain qui nous taraudent avec du constant et du fixe qui nous reposent : en dressant avant-hier mégalithes et menhirs, hier stèles et statues. Mais nous craignons par ailleurs la rigidité du cadavre et l'immobilité de l'inerte. L'arbre nous donne l'avantage sans l'inconvénient, le stable sans l'immuable. Cette union noueuse du statique et du dynamique en fait un valeureux contrat d'assurance-vie. Il allie les garanties du solide — le tronc-colonne — aux revenant-bons du vivant — le feuillage et le fruit. Il réunit le monde souterrain et mystérieux où plongent ses racines au monde céleste et rassurant qu'il atteint par la cime. Le séquoia est un champion de longévité — et le « vieux chêne vainqueur des ans » (Rousseau), l'emblème celtique de la constance. L'arbre se régénère chaque année. La tribu, le clan, le village se rassemblent à son ombre protectrice. C'est l'arbre à palabre africain, dont les branchages protègent aussi les bestiaux qui donnent viande et lait. C'est le dieu du sol chinois, au milieu du village, preuve de longévité et symbole de cohésion. Ce point de rassemblement favorise l'unanimité cérémonielle. Quoi de plus juste qu'il soit sacralisé, comme le furent les forêts sanctuaires, les bois autour des temples qui leur servaient d'enceinte et les retranchaient du monde profane ? Et que préférence soit obstinément donnée aux essences de longue vie : olivier, cyprès et surtout chêne ? Chêne de Dodone **[>]**, consacré à Zeus. Olivier dédié à Minerve, vigne à Bacchus,

>

figuier à Bouddha. Pin japonais. Bouleau sibérien. Frêne scandinave, tilleul germanique. Acacia maçonnique... Il y eut le chêne de Mambré dans la Bible, avec l'arbre de Jessé, père de David. Il y eut, en 1789 et 1848, les arbres de la liberté, le «mai» planté au son du tocsin, avec discours, récitations d'enfants et rondes villageoises. Il y eut le chêne des États-Unis d'Europe, solennellement planté par Victor Hugo dans son jardin d'Hauteville-House, le 14 juillet 1870 : «Semons ce qui demeure, ô passants que nous sommes...» Les plantations du bicentenaire de la Révolution française ont renouvelé la consécration festive qui survit à la disparition des mœurs et de la gent paysannes.

> *Tout arbre chez nous se tient debout comme un homme, mais immobile; enfonçant ses racines dans la terre, il demeure les bras étendus. Ici, le sacré banyan ne s'exhausse point unique : des fils en pendent par où il retourne chercher le sein de la terre, semblable à un temple qui s'engendre lui-même.*
>
> **Paul Claudel, «Le cocotier», *Connaissance de l'Est*, 1895.**

Quoi de plus juste que couper un arbre soit ressenti comme une profanation? L'interdit se retrouve jusque dans l'Ancien Testament, pourtant intraitable envers les idolâtries ambiantes : «Quand tu soumettras une ville à un long siège en la combattant, tu ne brandiras pas la hache pour détruire ses arbres» (*Deutéronome*, XX, 19). Le remords persiste. Un grand homme qui tombe en solitaire évoque «les chênes qu'on abat...», et l'on soupçonne un sacrilège.

Quoi de plus juste que l'arbre ait été et demeure un signe fédérateur et un point de référence pour les communautés en péril? L'arbre de Guernica **[>]** pour les Basques espagnols **[pl. 28]**. Les quatre cents

L'arbre de Guernica >

chênes à planter autour des deux bassins symbolisant l'absence des tours jumelles, à Manhattan. Les platanes de Nankin pour ses habitants. Les platanes encore et les micocouliers de Nîmes, plantés sous Louis XIV, symboles identitaires de la ville, que beaucoup s'emploient à sauvegarder (2011).

Le clergé a de tout temps fait la guerre aux arbres sacrés, comme la Restauration monarchique l'a faite aux arbres de la liberté, mais floraison et végétation continuent d'emblématiser les grandes fêtes de la vie chrétienne. Et la croix de la crucifixion — une traverse fixée sur un poteau, un tronc avec sa branche — symbole de la résurrection promise — n'est-elle pas encore un décalque de l'Arbre de vie avec sa verticale et son horizontale, transcendance et immanence recroisées ? Un archi-arbre. Indéracinable. Avec l'éternelle ambiguïté du *sacer* : l'arbre de mai peut être tour à tour potence et mât de cocagne. Promesse de violence et signe de réjouissance. Comme la montagne sacrée, porte du ciel et précipice.

Immémoriale, universelle et prévoyante est la symbolique du feu qui entretient la vie. Le feu engendre le feu ; l'étincelle a valeur germinative et génésique. Les fêtes de solstice sont les fêtes du feu, du soleil et de la moisson. Feu sacré d'Ahura Mazda et des temples taoïstes à pignon **[pl. 29]**. Lampes à huile **[<]** devant l'icône, brûle-parfum devant le Bouddha. Veilleuse au bas du tabernacle. Flamme chaque jour ravivée (à 18 h 30 exactement) de la tombe du Soldat inconnu, place de l'Étoile. Rayons sacrés du soleil nimbant le disque d'Aton, en Égypte. Boule de feu au milieu des dragons couronnant le temple taoïste, représentant le souffle primordial à l'origine de la vie. « Au fond d'un animisme, écrit Bachelard, on trouve toujours un calorisme. » Pour le philosophe des formes sensibles, le feu représente, sublime « l'ultra-vivant ». Il réunit en

<

Le feu du temple tao >

lui l'esprit quintessencié du végétal et de l'animal, tel un concentré des énergies mutantes.

Avec l'ambivalence de rigueur : le feu de l'enfer pour le chrétien se retrouve au paradis pour le zoroastrien. Il brille et il brûle. Il purifie et il consume. « Il a de la flamme, ce grand monsieur. » Oui. Et l'on passera bientôt son corps à la flamme, dans un crématorium.

Immémoriale, universelle et prévoyante est la symbolique de l'eau, source et condition de toute vie sur la planète. « Courons à l'onde en rejaillir vivant. » Onde rédemptrice du Jourdain, du Gange et du Mississippi. Lustration des corps et lavement des péchés. Rituels de purification vaudous dans la rivière haïtienne **[pl. 30]**. L'eau vive qui jaillit du cœur du Christ crucifié, et qui retombe en cascade sur les carrés géants de *Ground Zero*. Eau des aspersions et des bénédictions. Que fait un bon chrétien quand il entre dans la maison de Dieu ? Il commence par tremper ses doigts dans l'eau d'un bénitier en forme de coquille ou de conque, et fait, avec l'index et le médium mouillés, un signe de croix pour se purifier. C'est un geste sacramentel. Puis il allume un cierge, et c'en est un autre. Le prêtre va placer le cierge pascal dans le chœur de l'église, où il restera jusqu'à l'Ascension, servant entre-temps à allumer les autres cierges utilisés pour le baptême. Eau de vie. Celle du baptistère est véhicule de l'Esprit-Saint, et signe efficace de la nouvelle naissance. Les rites d'immersion sont, pour le catéchumène adulte, des retours amont au bercail, au nid, au giron maternel, vers le fluide enveloppant, tiède et protecteur du placenta. Car l'eau nourricière est de sexe féminin, profondément maternelle, « un ultra-lait », pour ainsi dire. Le feu terminal purifie la charogne (incinération). L'eau printanière purifie le vivant (lustration). Le feu nous rend au pur esprit ; l'eau, à la mère perdue. Reproduction : alliage d'humide et de calorique, disaient les Anciens. Lubrification et échauffement des corps.

< Rite vaudou de l'eau

« L'éternité ? c'est la mer allée avec le soleil. »

Avec leur non moins éternel double jeu : l'eau qui abreuve et peut noyer. La pluie ravive un sol, le Déluge engloutit la terre. *Corruptio optimi pessima.*

Le soleil après la bruine ; cet éternel retour est notre fonds de garantie.

Une vraie fontaine de jouvence.

Légendes et crédits des illustrations

10
Cérémonie du transfert des cendres de Jean Moulin au Panthéon, 19 décembre 1964 (© LAPI/Roger Viollet).
13
Dôme de Genbaku, Mémorial de la paix d'Hiroshima (© Image source/Corbis).
14
Billet d'un dollar.
15
Salle des noms du mémorial de l'Holocauste de Yad Vashem, Jérusalem, 16 mars 2005 (© Getty Images).
16
— Obsèques nationales de sept soldats français tués en Afghanistan, 19 juillet 2011, Invalides, Paris (© ECPAD/Richard Nicolas-Nelson).
— Procession pour la célébration du cent cinquantenaire des apparitions à Lourdes (© Alexandre Gelebart/REA).
— Portrait de Mao au-dessus de la porte de la Paix céleste, à Pékin, qui borde au nord la place Tian'anmen et constitue l'entrée sud de la Cité interdite (© Gloria et Richard Maschmeyer/Getty Images).
17
— Funérailles de Jean-Paul Sartre, Paris, 19 avril 1980 (© Frilet/Sipa).
— Scène de liesse à Alger à l'annonce de l'indépendance de l'Algérie, le 3 juillet 1962, Kodachrome (© Keystone).
— Giuseppe Pellizza da Volpedo, *Il Quarto Stato*, 1901, Museo del Novocento, Milan (© DeAgostini/Leemage).
18
Rassemblement d'un million de personnes devant le Mausolée d'Atatürk, à Ankara, pour la défense de la laïcité et de la démocratie, 14 avril 2007 (© AFP).
19
Palais de l'Élysée, cérémonie d'investiture du général de Gaulle, ici décoré par le général Catroux, le 1er août 1959 (© Keystone).
20
Masque Dan, région de Danané, Côte d'Ivoire, début XXe siècle (© Muséum de Lyon).
21
Moai d'Ahu Akivi, île de Pâques (© Geoff Renner/Getty Images).
22
Profanation de tombes musulmanes au cimetière militaire Notre-Dame-de-Lorette, près d'Arras (Aube), dans la nuit du 5 au 6 avril 2008 (© Florian Van Eenoo/Photonews/Gamma).
23
— Serge Gainsbourg brûle un billet de 500 F en direct au cours de l'émission 7/7, 11 mars 1984 (© Wojazer/AFP).
— Drapeau français brûlé place du Capitole, à Toulouse, le 8 mai 2007 (© PhotoPQR/*La Dépêche du Midi*/Xavier de Fenoyl).
— Jeff Koons, *Balloon Dog (Magenta)*, 1994-2000 © Jeff Koons. Photo Laurent Lecat. Sculpture présentée dans le salon

Hercule du château de Versailles dans le cadre de l'exposition Jeff Koons, 2008.
— Le couple présidentiel pose à l'Élysée pour *Paris-Match*, 2008. « Cette image est mon idée, explique le photographe Pascal Rostain. Je la propose ce jour-là (un dimanche) au couple présidentiel, qui l'accepte. Aucune intervention d'un quelconque service de communication ou de presse » (© Pascal Rostain).

24
Borne de la Voie sacrée près de Verdun (© Ketounette/Wikimedia Commons).

26-27
Mont Valérien, 2008 : commémoration du 68e anniversaire de l'Appel du 18 juin. Au premier plan, François Jacob, chancelier de l'ordre de la Libération (© Éric Feferberg/AFP).

28
Monts Huangshan, province de l'Anhui (© Marc Riboud).

32
L'éléphant Ganesh, dieu de la sagesse de l'hindouisme (© Malgorzata Kistryn/Fotolia.com).

35
Auxerre, Cour d'assises de l'Yonne à l'ouverture du procès d'Émile Louis, 11 mars 2004 (© Niko/Sipa).

36
Palais de justice de Montpellier (© Fabien Courtitarat/REA).

37
— Palais de justice d'Avignon (© Julie Fournier).
— Palais de justice de Pontoise (© PhotoPQR/*Le Parisien*/Samson Thomas).

39
Cimetière sénégalais tata de Chasselay, Rhône (© Vaxjo/Flickr).

40
Mausolée de Louis Pasteur, Institut Pasteur, Paris (© Olivier Panier des Touches).

42
Vue aérienne du site néolithique de Stonehenge, Salisbury Plain, Wiltshire, Angleterre (© Last Refuge/Getty Images).

43
Temple Ryôan-ji de Kyoto (© Jeff Laitila).

44
Sanctuaire de la grotte de Massabielle, Lourdes, 2007 (© Matthias Jung/LAIF-REA).

45
— Le mont Fuji, Japon (© Craig Hanson/Fotolia.com).
— Le mont Kaylash, Tibet (© bbbar/Fotolia.com).

46
Armoire de fer des Archives nationales (© Archives nationales).

47
Original du traité de Westphalie, signé le 24 octobre 1648, mettant fin à la guerre et remodelant la carte de l'Europe (ministère des Affaires étrangères © Josse/Leemage).

48
Dessin d'Emmanuel Chaunu (© E. Chaunu – http://chaunu.fr).

49
24 mars 2008, cérémonie d'allumage de la flamme olympique des Jeux de Pékin sur le site d'Olympie, Grèce (© Milos Bicanski/Getty Images).

50
— *Megachurch* Lakewood, à Houston, Texas, où le pasteur Joel Osteen prêche devant 25 000 fidèles chaque semaine (© Timothy Fadek/Corbis).
— Pèlerinage à La Mecque, Arabie saoudite, 1er mars 2001 (© Reza/Getty Images).

51
Jeux olympiques de Pékin, 2008 (© Faugère/DPPI-Sipa).

54
Préparation de la salle d'audience de la cour d'assises de Paris pour le procès Colonna (© Benoît Tessier/Reuters).
55
New York, Cour suprême de New York, salle 1324 : les avocats de DSK demandent sa remise en liberté le 19 mai 2011 (© Reuters/Richard Drew/Pool).
56
Jean-Louis Nadal, procureur général à la Cour de cassation, le 11 janvier 2008 (© Reuters/Charles Platiau).
58
Deba, chœur de femmes soufies, Mayotte, 2010 (© Albert Finestres).
59
— Chants révolutionnaires dans une école primaire pendant la Révolution culturelle, Nankin, 1967 (© Xia Zhuang/Taschen).
— Les Petits Chanteurs à la croix de bois en 1994 (© Raphaël Gaillarde/Gamma).
62
19 février 2011, Manama, Bahreïn, rassemblement place de la Perle (© Xinhua/Gamma).
63
18 mars 2011, destruction du monument de la place de la Perle, point de rassemblement des manifestations pro-démocratie (© Reuters/Hamad I Mohammed).
65
— Plan de la Cité interdite, Pékin (© Google Earth).
— Temple maçonnique du Grand Orient de France, rue Cadet, Paris (© Michel Le Moine/Sipa).
68
Grilles du Panthéon (© Frédéric Rcglain).
69
— Fermeture de la porte principale du monastère copte Saint-Paul, Égypte (© Bernard Sidler).
— Iconostase de l'église grecque-melkite catholique Saint-Julien-le-Pauvre, Paris (© P. Deliss/Godong).
— Entrée royale (© RMN, château de Versailles/Gérard Blot).
— Balustre de la chambre du roi (© RMN, château de Versailles/DR).
70
Centre de la mémoire d'Oradour-sur-Glane (© Roland Witschel/DPA/AFP).
71
Jérusalem, mur occidental, un homme recouvert d'un talith fait la lecture de la Torah lors de la célébration d'une bar-mitsva, 1er juillet 2010 (© Eitan Simanor/Hoa-Qui).
72
Salle de vente aux enchères Huachen, à Pékin, le 17 mai 2006 : présentation du portrait de Mao ayant servi de modèle à ceux de la place Tian'anmen. Ce tableau, qui devait être mis en vente le 3 juin, a finalement été retiré (© Reuters/CDIC).
73
La Kaaba, édifice cubique au cœur de la Grande Mosquée de La Mecque, Arabie saoudite (© Sufi/Shutterstock Images).
74
Unique photo du chef Sealth, dit Seattle, prise vers 1864 (Boyd and Braas © Library of Congress).
75
Stéphane Hessel lançant son « Appel à la résistance » lors du rassemblement annuel « Paroles de résistance » au plateau des Glières, le 14 mai 2008 (photogramme © Citoyens résistants d'hier et d'aujourd'hui).
76
Journécs du patrimoine, 20 septembre 2010, maison du docteur Frédéric Dugonjeon, à Caluire, devenue Mémorial Jean-Moulin le 21 juin 2010, où

le chef du Conseil national de la Résistance fut arrêté par la Gestapo le 21 juin 1943 (© Joël Philippon/*Le Progrès*/MaxPPP).

77
Photographie de Jules Michelet par Félix Nadar, plaque de verre au collodion (© DP).

79
« 9/11 Memorial », New York, 11 septembre 2011 : l'officier de police Danny Shea salue devant le bassin nord (© Getty Images).

81
Cimetière du Père-Lachaise, Paris, tombe de Marcel Proust (© Olivier Bruchez/Flickr).

82
— Cimetière du Père-Lachaise, Paris, monument « Aux morts », Albert Bartholomé, 1899 (© Wikimedia Commons).
— Cimetière du Père-Lachaise, Paris, tombe de Victor Noir (© Julien Fouchet/Sipa).

83
— Cimetière du Père-Lachaise, Paris, tombe de Jim Morrison, le 3 juillet 2001, jour anniversaire de sa mort (© Khayat Datchary/Abaca).
— Cimetière du Père-Lachaise, Paris, tombe d'Oscar Wilde (Catherine Hélie © Gallimard).

84
Cadavres de communards dans leurs cercueils individuels (photo Disdéri, mai 1871 © Getty Images).

85
— Code pénal, Dalloz, 2012, art. 225-17 : atteinte à l'intégrité du cadavre.
— Règlement du cimetière de Maisons-Alfort.

86
Août 2008, affrontements khméro-thaïlandais autour du temple frontalier de Preach Vikar (© Chor Sokunthea/Reuters).

87
Le monastère Sainte-Catherine, dans le désert du Sinaï, Égypte (© dibrova/Shutterstock).

88
Jérusalem, Saint-Sépulcre, 9 novembre 2008 : bagarre entre popes grecs et arméniens (© Reuters/Ammar Awad).

89
— Ayodhya, Inde, 6 décembre 1992 : assaut de la mosquée par des milliers de fanatiques hindous (© Reuters/Sunil Malhotra).
— Jérusalem, 5 mars 2010 : la police israélienne se replie de l'esplanade des Mosquées sous les jets de pierre de manifestants palestiniens (© Ahmad Gharabli/AFP).
— Lhassa, Tibet, 14 mars 2008 : un activiste tibétain brûle un drapeau chinois lors de violentes émeutes dans la capitale tibétaine (© Xinhua/Reuters/Xinhua Press/Corbis).
— Moscou, ambassade d'Estonie : protestation de militants de la jeune garde du parti présidentiel Russie unie après le déplacement par les autorités estoniennes du monument au « soldat libérateur » soviétique du centre de la capitale Tallinn vers la périphérie en avril 2007 (© Maxim Marmur/AFP).

90
Gaumata, la Vache Mère sacrée de l'hindouisme (© DR).

93
Mausolée franquiste du *Valle de los Caídos* (« La vallée de ceux qui sont tombés »), dans la Communauté autonome de Madrid (© Mario Fourmy/REA).

94
Portrait de Walter Benjamin (© Effigie/Leemage).

95
Dernière photo de Salvador Allende, palais de la Moneda, Santiago du Chili,

11 septembre 1973 (© Keystone/Getty Images).

96

— *Mort du jeune Bara*, dessin de Louis David, 1794 (musée Calvet, Avignon © SuperStock/Leemage).
— *Joseph Bara, mort*, de Charles Moreau-Vauthier, 1880 (éco-musée de la Vendée, dépôt de la mairie de Nérac © Roger Viollet).
— Affiche réalisée par Simo à l'occasion du troisième anniversaire de l'exécution des « martyrs » de Châteaubriant, le 22 octobre 1941 (© Roger Viollet).

97

— Manifestation à la mémoire de Guy Môquet, vers 1945 (© AFP).
— *Guy Môquet, un amour fusillé*, téléfilm de Philippe Bérenger (© FTV/Jacques Morell).

99

« Passages, hommage à Walter Benjamin » du sculpteur Dani Karavan, Port-Bou, Catalogne (© Bernard Schurian).

100

Transport d'une statue de Lénine déboulonnée par une péniche voguant sur le Danube dans les environs de Budapest le 5 mars 2008 pour les besoins du film *Le Regard d'Ulysse* de Theo Angelopoulos (© Balint Porneczi/AFP).

105

Affiche russe représentant Marx, Engels, Lénine et Staline, 1953 (© Apic/Getty Images).

106-107

Vues de la statue monumentale de Gengis Khan à Tsonjin Boldog, à quelque 54 kilomètres de la capitale de la Mongolie, Oulan-Bator (p. 106 © EfratNakash.com ; p. 107, haut © Mabi David ; p. 107, bas © Alexander Krivenyshev/ WorldTimeZone.com).

108

Manuscrit d'un brouillon de lettre sur « le bonheur et la vertu » de Robespierre photographié à Sotheby's, Paris, le 13 mai 2011, peu avant la mise en vente de brouillons du leader jacobin (© Mehdi Fedouach, AFP).

110

Cathédrale Saint-Basile-le-Bienheureux, place Rouge, Moscou (© Joaquim Alves Gaspar/Wikimedia Commons).

111

— 5 mars 1953, une de *L'Humanité* « Le Grand Staline » (© Martin Bureau, AFP).
— 1949, photogramme extrait du documentaire « L'homme que nous aimons le plus », réalisation collective (© Ciné-Archives, fonds audiovisuel du PCF, Mouvement ouvrier et démocratique).
— 1952, affiche « Stalin. Das ist der Frieden » (© Deutsches Historisches Museum, Berlin).
— 7 mars 1953, dépouille mortelle de Joseph Staline. Photo colorisée par la suite (© Photo12/Ullstein Bild).
— 8 mars 1953, dessin de Picasso paru dans *Les Lettres françaises* (© Succession Picasso, 2012).
— 1956, buste de Staline déboulonné lors des émeutes antisoviétiques de Budapest (© Keystone/Getty Images).

112

Après avoir quitté le columbarium du Père-Lachaise, les cendres de Jean Moulin font une halte de six heures au Mémorial des martyrs de la déportation (© Gérard Géry/*Paris-Match*/Scoop).

114

Portrait de Charles Péguy par Jean-Pierre Laurens, huile sur toile (coll. centre Charles-Péguy, Orléans © Rue des Archives/Tal).

115

Photo de Marc Bloch non datée dans son uniforme du 72e régiment d'infanterie durant la Première Guerre mondiale (© Rue des Archives/RDA).

118
Affiche de R. Louvat pour les Forces maritimes françaises libres, 1943 (© Centre historique des Archives nationales).

119
Défilé de la Légion étrangère sur les Champs-Élysées, 14 juillet 2008 (© Gérard Cerles/AFP).

122
En avant ! en avant !, de Georges Moreau de Tours, 1889, hommage au sacrifice du colonel de Franchessin à la bataille de Frœschwiller, le 6 août 1870 (© DR).

123
— Blessés de la bataille de Mars-la-Tour, le 16 août 1870, relief de l'église de Mars-la-Tour. Carte postale. Coll. particulière.
— Sœur conduisant des blessés français de la bataille de Loigny, le 2 décembre 1870, à travers le camp prussien afin de leur prodiguer des soins. Carte postale. Coll. particulière.

125
— Vue intérieure du temple réformé de Belleville, construit en 1876 (photo Christophe Fouin/Coarc © Roger-Viollet).
— L'hôtel de la Marine, place de la Concorde, à Paris (© Denis/REA).

129
Jérusalem, le dôme du Rocher (© Ryan Rodrick Beiler).

130
— Affiche murale à l'effigie de Che Guevara : *Tu ejemplo vive*, Cuba (© Stephen Ferry/Getty Images).
— Buste en bronze de Hô Chi Minh, pagode Giac Lam, Saigon (© www.alain-barre.com).

131
— « Êtes-vous plus français que lui ? », affiche de propagande du maréchal Pétain, vers 1941 (© Rue des Archives/Tal).
— *Le Duce*, portrait de Mussolini par l'artiste futuriste Gerardo Dottori, 1933 (© Ville de Milan, tous droits réservés, Museo del Novecento, Milan).
— Hitler entouré d'enfants, probablement de dignitaires nazis, vers 1939, tirage colorisé (© Rue des Archives/Tal).

133
Temple mormon de Salt Lake City, Utah (© Scott Cannon).

135
Symbole du yin-yang taoïste.

137
Séance d'« harmonisation » au village communautaire de Findhorn, près d'Inverness, en Écosse (photo Sverre © Findhorn Foundation).

141
Voyage à Auschwitz de collégiens français organisé par le Conseil général des Alpes-Maritimes, 27 janvier 2011 (© G. Veran-CG06).

142-143
Dessins de Plantu, à l'exception du dessin du haut de la page 143, qui est du Danois Carsten Graabæk © (Carsten Graabæk)/ Cartooning for Peace.

144
Manifestants catholiques fondamentalistes devant le Théâtre de la ville en octobre 2011 en protestation contre la pièce de Romeo Castellucci *Sur le concept du visage du fils de Dieu* (© SEVGI/Sipa).

146
La brebis clonée Dolly et son agneau Bonny (© photo *courtesy* The Roslin Institute, université d'Édimbourg, Roslin, Écosse).

148
Musée du Louvre, *La Joconde* sous haute protection (© Ryan Rodrick Beiler).

149

Marcel Duchamp, *L.H.O.O.Q.*, « La Joconde aux moustaches », mine de plomb sur une reproduction de la Joconde, 1919, 19,7 × 12,4 cm © Succession M. Duchamp/ADAGP, 2012, coll. particulière.

150-151

— Édouard Manet, *Le Déjeuner sur l'herbe*, 1862-1863, musée d'Orsay, Paris (© RMN, musée d'Orsay/Hervé Lewandoski).

— Photo du film *Le Déjeuner sur l'herbe*, de Jean Renoir, 1959 (Prod DB © Pathé/DR).

— Pablo Picasso, *Le Déjeuner sur l'herbe d'après Manet*, 1960, © Succession Picasso, 2012, musée Picasso, Paris (© RMN/Jean-Gilles Berizzi).

— John De Andrea, *Manet : Le Déjeuner sur l'herbe*, 1982, Speed Art Museum, Louisville, USA (photo du musée).

— Seward Johnson, *Déjeuner Déjà Vu* © 1994, The Sculpture Foundation, Inc. (photo © Willie W. Wong).

— Mickalene Thomas, *Le Déjeuner sur l'herbe : Les trois femmes noires*, 2010, *c-print, courtesy* l'artiste et Lehmann Maupin Gallery, New York.

154

Sarah Bernhardt photographiée par Nadar vers 1860, tirage d'après négatif au collodion (© Jean Bernard/Leemage).

155

Photo non datée des moines trappistes de Tibéhirine (© AFP).

156

— Mère Teresa en 1981 (© John Downing/Getty Images).

— Charlie Chaplin vers 1925 (© Rue des Archives/BCA).

— Pablo Picasso en 1946 (© Michel Sima/Rue des Archives).

— Tenzin Gyatso, quatorzième dalaï-lama (© Steve Pyke/Getty Images).

— Nelson Mandela en 1992 (© Trevor Samson/AFP).

— Albert Einstein en 1947 (© Philippe Halsman/Magnum Photos).

157

— Marlon Brando en 1961 (© CinemaPhoto/Corbis).

— Andy Warhol vers 1985 (© Jill Kennington/Getty Images).

— Yves Saint-Laurent en 1982 (© Éric Ryan/Getty Images).

— James Dean (© *Suddeutsche Zeitung*/Rue des Archives).

— John Lennon en 1970 (© John Kelly/Camera Press/Gamma).

— Marilyn Monroe en 1953 (© Alfred Eisenstaedt/*Time* & *Life* Pictures/Getty Images).

160

— Charles de Gaulle, vers 1940 (© Corbis).

— Corto Maltese (© 1974 Cong S.A. *Corto Maltese en Sibérie*, par Hugo Pratt, publié aux Éditions Casterman - www.hugopratt.com. Tous droits réservés.

— Julien Gracq (© Paul Facchetti/Opale).

— Congés payés : vacanciers en tandem sur le remblai des Sables-d'Olonne, 1937 (© Roger-Viollet).

— Orson Welles, 1952 (© Sunset Boulevard/Corbis).

— François Mitterrand au Panthéon, 21 mai 1981 (© Jean-Gabriel Barthélemy).

161

— Simone Signoret. Photo médiathèque de l'Architecture et du Patrimoine, Paris (© Ministère de la Culture-médiathèque du Patrimoine, distr. RMN/Sam Lévin).

— Gérard Philipe, Danielle Darrieux, affiche du film *Le Rouge et le Noir* de Claude Autant-Lara, 1954 (Prod DB © Pathé/DR).

— Joan Baez, concert à Baalbek, Liban, 1975 (© Claude Salhani/Sygma/Corbis).
— Ernesto Che Guevara, Fidel Castro, La Havane, 1958, musée de la Révolution (© Gerard Sioen/Rapho).
— Simone Weil (© DR).
— Romain Gary, 1977 (Jacques Robert © Gallimard).

162
Jean-Henri Dunant, fondateur de la Croix-Rouge (© Rue des Archives/Tal).

164
Logos de la Croix-Rouge (© CICR).

165
— « L'enfant » (© Chrystèle Lacène/www.justice.gouv.fr).
— « Les droits de l'homme » : original de la Déclaration de 1789, musée Carnavalet, Paris (© Josse/Leemage).
— « Le devoir de mémoire » : mémorial de la Shoah, Paris (© Jean-Marc Lebaz/mémorial de la Shoah, CDJC).
— « La laïcité » : dessin de Jean Effel pour la couverture d'un livre de Jean Cornec, 1965 (© ADAGP, 2012).
— « Les Bleus » : Zinedine Zidane, Stade de France, match anniversaire de la victoire française en coupe du monde, 7 décembre 2008 (© Pool Benainous/Hounsfield/Gamma).
— « La littérature » : couverture d'un livre d'André Malraux, Gallimard.
— « Le 18 juin » : le général de Gaulle à la BBC en 1940 (© Hulton-Deutsch Collection/Corbis).
— « Le 20 heures » : Claire Chazal, TF1, 3 septembre 2006 (© Lebon/Gamma).
— « Les vacances » : Majorque, 2003 (© Martin Parr/Magnum).
— « La grève » : quai du métro parisien, 17 décembre 2009 (© E. Marzari/Sipa).
— « La diversité » : inauguration de l'allée Yannick-Noah à Roland-Garros, 27 mai 2008 (© Lydie/Sipa).
— « Le patrimoine » : le « métropolitain », station de métro Art nouveau à Paris réalisée par Hector Guimard (© Jean Bernard/Leemage).

167
Blanche de France, fille de Charles IV, statue de gisant de la Basilique de Saint-Denis, vers 1392 (© Manuel Cohen/Getty Images).

171
Banquet républicain à Montélimar, le 8 juillet 2007 (© David Bonnet).

172
Unité et indivisibilité de la République, estampe, 1792, musée Carnavalet, Paris (© Josse/Leemage).

175
« Marianne et l'Europe », timbre-poste dessiné et gravé par Yves Beaujard, 2008.

176
Fleurs sous la neige (© Altrendo Nature/Getty Images).

180
Tombe étrusque dite des Léopards, scène de banquet, Tarquinia, Italie, v. 490 av. J.-C. (© coll. Dagli Orti).

182
Peinture murale de la tombe du noble Nebamon, Thèbes, vers 1290-1224 av. J.-C., British Museum, Londres (© Luisa Ricciarini/Leemage).

183
Art funéraire floral contemporain (© S. Sautereau/Urba Images Server).

185
Chêne de Dodone à Épire, Grèce (© Marcus Cyron).

187
L'arbre de Guernica, symbolisant les libertés de la province basque de Biscaye (© Photo12-Alamy).

188
Lampe à huile en céramique
(© Ryan Rodrick Beiler).

189
« Boule de feu » taoïste représentant
le souffle primordial à l'origine de la vie
(© John Lagerwey).

190
Rituel vaudou en Haïti
(© Cristina Garcia Rodero/Magnum
Photos).

193
Mtskheta, 13 juillet 2010, baptême collectif
par immersion totale de 700 enfants selon
le rite de l'Église orthodoxe apostolique
de Géorgie (© David Mdzinarishvili/
Reuters).

Table des planches

COMPOSITION DOMINIQUE GUILLAUMIN
PHOTOGRAVURE LA STATION GRAPHIQUE

CET OUVRAGE A ÉTÉ ACHEVÉ D'IMPRIMER EN DÉCEMBRE 2011
SUR LES PRESSES DEL'IMPRIMERIE POLLINA À LUÇON - L59065
IMPRIMÉ EN DÉCEMBRE 2011
DÉPÔT LÉGAL : DÉCEMBRE 2011
ISBN 978-2-07-012437-4

165310